谨以此书

纪念钱学森诞辰 105 周年

纪念中国航天事业创建 60 周年

谨以此书

纪念钱学森诞辰 105 周年
纪念中国航天事业创建 60 周年

钱学森和他战友的代表

脊 梁

献给钱学森和他的战友们

中国航天系统科学与工程研究院 编著

中国书店

图书在版编目（CIP）数据

脊梁：献给钱学森和他的战友们／中国航天系统科学与工程研究院
编著．— 北京：中国书店，2016.12
　ISBN 978-7-5149-1602-7

Ⅰ．①脊… Ⅱ．①中… Ⅲ．①航天－研究所－概况－中国
②钱学森（1911～2009）－生平事迹 Ⅳ．①V4-242 ②K826.16

中国版本图书馆CIP数据核字(2016)第277596号

脊梁：献给钱学森和他的战友们

中国航天系统科学与工程研究院 编著

封面题字：贺秉发
封面设计：李　鹏
责任编辑：姚文杰
出版发行：中国书店
地址：北京市西城区琉璃厂东街115号
邮编：100050
印刷：北京联华宏凯印刷有限公司
开本：787mm×1092mm　1/16
版次：2016年12月第1版第1次印刷
印张：12.75
书号：978-7-5149-1602-7
定价：108.00元

《脊梁：献给钱学森和
他的战友们》
编著委员会

总策划：张文台
顾　问：雷凡培　高永中　吴燕生
主　编：薛惠锋　郭京朝　钱永刚　李湛军
委　员：刘文军　李天春　谢　平　于景元
　　　　陈大亚　石　磊　王春河　赵梦熊
　　　　张宏显　马建农　刘大鹏　李琳斐
　　　　刘敬群　张广勇　李欣雁　贺亚莉
　　　　孙宇燕　张　峰　唐　铭　曹　宇
　　　　王晓媛　薛凤桐

前　言

钱学森是享誉海内外的杰出科学家和我国航天事业的奠基人，是中国共产党员的优秀代表。他具有坚定的理想信念，对党高度忠诚，始终把爱祖国、爱人民作为人生的最高境界，自觉把个人志向与民族振兴紧紧联系在一起。他对科学执着追求，毕生致力于推动我国科学技术发展，尤其是航天事业的发展。他为中国科技事业、国防和军队现代化建设建立了卓越功勋。钱学森胸怀坦荡、高瞻远瞩、光明磊落、淡泊名利、无私奉献、坚持真理、科学求实，是我国爱国知识分子的杰出典范，被誉为"人民科学家"。

为纪念钱学森同志诞辰 105 周年和中国航天事业创立 60 周年，我们组织编写了这本书，以展现钱学森同志归国后在关键时刻对中国航天事业发展起到的无可替代的重要作用以及后人难以逾越的至高高度。本书包括七个章节。

第一章《钱学森的艰难归国路》主要记录了钱学森从美国突破重重阻碍返回中国的艰难历史，以及他在美国受到的不公待遇。这部分展现出钱学森坚定的归国信念以及浓浓的爱国热情。

第二章《命运的抉择》以钱学森回国后我国国防事业的起步为主要脉络，讲述了国家领导人对国防事业特别是导弹和原子弹事业发展的重视，以钱学森为代表的科学家迎难而上，以一腔热血开启了中国导弹的征途。

第三章《中国航天事业的奠基》从中国导弹和火箭事业的正式付诸实践开始讲起，讲述了第一代航天人在钱学森的带领下，学习导弹和火箭知识，成功仿制造出"东风一号"的艰难历程。

第四章《中国导弹威震四方》主要介绍了从"东风二号"的失败一点点总结经验到"两弹"的顺利结合，中间虽然经历各种困难，但这些都没有使中国导弹事业的脚步停止，"八年四弹"的任务顺利完成。

第五章《太空翱翔中国星》讲述了在各国开始将着眼点投向太空的国际大背景下，为达到"上得去、抓得住、听得到、看得见"的目标，以钱学森为首的科研人员不断尝试，大胆创新，最终完成了卫星遨游太空的中国梦想。

第六章《曙光照苍穹》揭秘了当年我国载人航天事业起步时，在"载人飞船"与"航天飞机"的分歧路口，钱学森向载人飞船投上了至关重要的一票，为中国载人航天事业的顺利发展打下了坚实的基础。

第七章《神舟飞天路》讲述钱学森以他的高瞻远瞩一次次化解了中国载人航天事业的发源地 507 所的危机，为我国航天员的培养打下了坚实的基础。

我们以此书缅怀"国家杰出贡献科学家"钱学森，纪念中国航天事业开创 60 周年、钱学森诞辰 105 周年，并希望可以向社会各界普及钱学森与中国航天的发展历程，激励更多的有志之士，贯彻落实党中央的战略发展规划，为实现中华民族伟大复兴的中国梦而努力奋斗！

编　者

二〇一六年十一月

序 一

邓小平同志曾经讲过，"如果没有两弹一星，我们就不可能有今天这样的大国地位"，这充分肯定了中国航天的重要地位，肯定了为航天奋斗终生的科学家们。如果把解放军比作雄鹰，那么这些科学家就给雄鹰装上了翅膀；如果把解放军比作雄狮，那么这些科学家就给雄狮装上了钢牙利齿。中国能有今天安宁的发展环境，能够发展成为世界第二经济大国，就是因为有一支英勇的人民军队在保护我们，有以航天为代表的国防科技工业作为我们的坚强后盾。

值钱学森同志诞辰 105 周年之际，特推出《脊梁：献给钱学森和他的战友们》这本著作，展现钱学森为了军事航天、国防航天、国家安全与发展做出的卓越伟绩。他是民族的英雄，是民族的功臣。我们不能忘记他，要隆重纪念他，纪念他的丰功伟绩，让世人了解他的卓越贡献。

钱学森作为中国航天事业的奠基人，是"思想的先驱、科技的泰斗、育人的导师、做人的楷模"。钱学森同志 1955 年返回故土，在毛主席、周总理和聂荣臻元帅等老一辈无产阶级革命家的领导下，带领我国科技工作者，在中国航天事业一穷二白，人才、技术极度缺乏的条件下实现零的突破，研制成功导弹、火箭、人造地球卫星，提高了我国的国防实力、科技实力和民族凝聚力，为新中国的建设与发展做出了重要贡献。他提出的系统工程思想，保障了我国航天工程研制工作的顺利进行，这个思想还得到中央领导的高度认可，已经应用到国家和社会的组织管理工作中。习近平总书记提出"全面深化改革是一项复杂的系统工程，需要加强顶层设计和整体谋划，加强各项改革关联性、系统性、可行性研究"，就体现了钱老系统工程思想的重要性。钱学森不仅带领科技人员完成了"两弹一星"重大工程，还为中国培养了一批科技人才，其中包括孙家栋、王永志这些专家，为中国航天如今的飞速发展打下了基础。钱学森襟怀坦荡、光明磊落，淡泊名利、无私奉献，坚持真理、科学求实，是爱国知识分子的杰出典范，是中国共产党的优秀代表。

钱学森面对国家需要所开创的"两弹一星"和航天事业的成就是中华民族复兴历程中的一座丰碑，是一百年来中华民族从衰弱走向繁荣的标志，而他一生所追求的系统工程思想更是推进了人类的科学技术发展。作为中国航天事业的先行人，钱学森不仅是知识的宝藏、科学的旗帜，更是民族的脊梁、人类的典范。因此，钱学森是世界的、国家的、民族的；钱学森的精神，社会需要，国家需要，民族需要。

作为中国航天事业的智囊团，中国航天系统科学与工程研究院（后简称为"航天十二院"）这些年来，连续开展了"口述钱学森工程"和"群星灿烂工程"。"口述钱学森工程"，通过与钱学森共事的同时代专家与领导回忆，以及对相关历史文献和档案资料的研究，还原当时科学发展过程中重大历史事件原貌，挖掘和整理钱学森的生平事迹和思想方法，建成记录钱学森的权威资料库，为各方面的研究和宣传教育提供形象、生动、真实的珍贵史料。同时在"口述钱学森工程"的基础上又进行拓展工程——"群星灿烂工程"，旨在推出可以撼动世界的精英人才，作为共和国脊梁之星、科技之星。

今年，航天十二院组织编写《脊梁》一书，作为纪念钱学森同志诞辰 105 周年并献给航天事业 60 周年的一份厚礼，旨在为国家留史、为民族留记、为人物留传。正如书名所说，钱学森是共和国的脊梁，在航天建设中，做出了杰出贡献，在他看来，国家利益高于一切。而中国航天，不是航天人的航天，是全国人民的航天。通过纪念为中国航天做出伟大贡献的科学家钱学森，让更多人感受航天人所经历的艰苦岁月，发扬航天人的正能量，传承航天人的精气神，同时也鼓舞更多人积极加入到航天事业发展的大家庭之中，共同推动国防工业的发展，共同构筑伟大的航天梦！

张文台

张文台：中国人民解放军原总后勤部政委、中国航天系统科学与工程研究院总顾问。

序 二

中华民族的伟大复兴梦启于中国共产党带领全国各族人民推翻"三座大山",迈向社会主义历史的新纪元。新的起点带有无限的希望,但也充满了艰辛与苦难。20 世纪 50 年代中期的中国百废待兴,外敌虎视眈眈。面对这样的局势,中国领导人清醒地认识到,唯有强大的军事实力才能保障国家的安危和民族的富强。

钱学森就是抱着航空救国的梦想,踏上了赴美求学的道路。经过在美国 20 年的学习和研究,钱学森成为著名的空气动力学家、航空推进专家和世界数一数二的航天专家,并为反法西斯战争的胜利和人类的和平做出了卓越的贡献。当中央人民政府成立的号角划破天际,在海外游子们心中响起时,钱学森兴奋地意识到:"该回国了!" 1955年 10 月,钱学森历尽千辛万苦,冲破美国政府的重重阻挠,回到祖国的怀抱。

面对缺钱、缺人、缺技术的大困境,陈赓大将问:"我们中国人能不能搞导弹?"钱学森自信满满地回答道:"有什么不能的?外国人能造出来的,我们中国人同样能造出来。难道中国人比外国人矮一截不成?"此后,钱学森在毛泽东、周恩来和聂荣臻等老一辈无产阶级革命家的领导下,带领我国科技工作者,在一穷二白的条件下创建了我国的航天事业,研制出我国自主设计的导弹武器,并于 1966 年成功实现了"两弹结合",中国从此拥有了真正的核威慑能力。在复杂的世界格局中,中国依靠战略威慑武器创造了和平发展的国际环境,这个效应一直延续至今。1970年,钱学森带领我国航天科技工作者研制的"东方红一号"卫星成功发射,"两弹一星"的成就奠定了中国的国际大国地位。自20世纪70年代末以来,钱学森在诸多学科领域进行了不懈的探索,特别是在系统科学、社会科学、思维科学等领域取得了开拓性的进展,他倡导的系统工程、总体设计部、综合集成方法等为我国的社会建设与经济发展做出了重要贡献。

因此,钱学森归国不仅具有深刻的历史意义,还具有重要的现实意义;不仅开创了中国航天事业,还为中国的科技进步、经济发展做出了重要贡献,使中华民族能够昂然屹立于世界东方。

今天,中国正在从航天大国向航天强国迈进,全国各族人民正在为实现中华民族伟大复兴的"中国梦"而努力奋斗。但是,前进的道路并不平坦:我国改革已经进入攻坚期和深水区,深层次矛盾凸显,面临经济下行压力大、贫富分化加剧、城乡发展失衡、环境污染严重等诸多问题。由于这些问题所涉因素众多、结构关系复杂,越来越迫切地需要运用系统工程这一先进的方法论来认识和解决。中国历代党和国家领导人均高度重视钱学森先生倡导的系统科学与系统工程方法论体系。中共中央总书记习近平同志强调:"全面深化改革是一项复杂的系统工程,需要加强顶层设计和整体谋划,加强各项改革系统性、关联性、可行性研究。"这就需要我们深入研究钱学森的系统工程思想方法;学习钱学森热爱祖国、为国奉献的崇高品质;传承钱学森勇于创新、严谨务实的科学态度;进一步弘扬钱学森的哲学思想、科学精神，激励全国各族人民为实现"中国梦"而努力奋斗。

为此，中共中央党史研究室和中国航天科技集团公司于 2014 年 4 月 15 日按照"中央史办〔2014〕49 号"《关于实施党史资料征集"口述钱学森工程"的通知》的文件精神，联合启动"口述钱学森工程"，并委托中国航天系统科学与工程研究院具体组织实施。"口述钱学森工程"通过采访钱学森的亲友及身边工作人员、国防系统专家、系统工程及系统科学界专家的方式，来挖掘和整理钱学森的生平事迹和思想方法，还原历史原貌，特别是研究钱学森发展系统科学和系统工程的思想，建成记录钱学森的权威资料库，为中华民族留下宝贵的精神财富。

值中国航天事业开创 60 周年之际，又是钱老诞辰 105 周年，在中央党史研究室、总装备部、中国航天科技集团公司等单位的组织和领导下，航天系统院联合总装备部科技委钱学森办公室、上海交通大学钱学森图书馆等单位分别在北京、上海、杭州、西安以及武汉举办了"纪念钱学森归国 60 周年系列活动"，包括召开纪念大会和研讨会、发表纪念文章和出版专著、组织群众性活动等。而本书的出版是纪念中国航天事业开创 60 周年、纪念钱学森诞辰 105 周年系列活动的重要内容之一，以此来缅怀钱学森的丰功伟绩，学习钱学森的远见卓识，尝试探讨钱学森的思想方法在社会治理、法治、交通、教育等各领域的应用。

高永中

高永中：中共中央党史研究室副主任。

序 三

今年是中国航天事业的奠基人钱学森同志诞辰 105 周年。这不禁勾起我深深的回忆和深切的怀念，回想我这一生走过的道路，我为自己能在钱老的直接领导下工作感到十分幸运。我 1958 年从苏联留学归国来到国防部第五研究院，就在钱老的领导和爱护下从事航天工程的研制工作，跟随他整整半个世纪；亲身体验和感受了他对发展中国科学技术事业特别是航天事业做出的卓越成就和杰出贡献；目睹和见证了他用毕生的心血和精力，为中华民族屹立于世界民族之林，树立了一座中国航天的丰碑。

中国航天事业的创建，钱老功不可没。我感触最深，也是钱老贡献最大的，首先是他开创中国航天事业所建立的不朽功勋。钱老早年就怀抱"学习知识、贡献社会、报效国家"的宏大理想，在美国科学界崭露头角，功成名就。经过艰苦斗争回国后，钱老以自己强烈的爱国热情和非凡智慧，带领我们航天战线的干部职工不懈奋斗，先后成功发射导弹和人造卫星，开创了中国航天的新纪元。

我 1958 年初到国防部五院，开始研制火箭导弹，真是又高兴又担心。高兴的是我可以为国家干一番事业；担心的是，自己学的是航空专业，导弹是什么样子？怎么设计？怎么制造？心里一点底也没有。但是听领导和同志们给我讲，有钱老这样的世界知名科学家带领，有党和国家的特别重视和支持，我的信心就增强了。钱老亲自给我们讲授导弹概论，请庄逢甘教授讲空气动力学，等等。苏联中途支持了我们几年，后来撤走了，但我们在党中央"自力更生，奋发图强"方针的指引下，从仿制到独立研制，很快走出了一条独立自主发展航天事业的道路。中国航天事业已经走过了 60 多年的路程，回头来看，钱老在航天事业创建时那种建立在科学思考基础上的魄力，那种为国家为民族不怕担风险的大无畏精神，影响了我的一生。可以说，他的学识和人品影响了一代甚至几代人。

在航天技术的发展上，钱老高瞻远瞩。钱老很重视科研，在他的努力下，我国逐步建立起一支强大的、能攻关的科研队伍。在发展的道路上，钱老以他的远见卓识，带领我们制定了正确的发展规划，走出了一条多快好省的路，避免了走弯路。空间技术研究院成立之后，钱老主持制定了"三星规划"（"东方红一号"卫星、返回式卫星和同步轨道通信卫星），为空间科学事业的发展奠定了基础。

我国导弹、卫星技术从起步到大发展的过程，都是在钱老带领下开了好头，走上一条正确的发展道路。从技术发展途径来看，钱老的作用是无人可以替代的。但是，钱老是个非常谦虚的人，每当讲到这些成绩时，他总是把周恩来、聂荣臻等党和国家领导人的具体指导放在前面，把广大科技人员放到前面，总把一切功劳归于集体。钱老这种崇高的科研道德和人格魅力，无时无刻不在影响着我。

在航天队伍的培养上，钱老言传身教。钱老非常平易近人，尤其是对青年人非常爱护。为了发扬技术民主，他在很长一段时间里坚持每周都要拿出时间和我们讨论重要技术问题，他会耐心引导，或帮忙解释，或让我们回去好好想一想。同时，钱老给我们树立了严谨的好作风，必须非常认真地办好每一件事。钱老崇高品德的另一方面是敢于负责、勇于替下属和青年同志承担责任。

从仿制导弹走到自行设计阶段后，面临一个重要问题就是：设计人员从何开始搞设计。为了解决这个问题，钱老经常组织一些专家和基层干部研究。在航天工程的管理上，钱老提出两个很重要的观点，第一要有总体设计部，第二就是系统工程。把集中统一指挥和现代化的科研生产结合起来，不断探索，形成了"三步棋""双岗制""三检制"等工作程序、工作制度，一直沿用到现在。

钱老的一生与中国航天结下了不解之缘，中国航天史上不仅记载了他的不朽功绩，而且也展现了他出众的才华和崇高的人格！

孙家栋：原国防部五院型号总体设计师、"两弹一星"功勋奖章获得者。

目 录

引 言

　　对于生活在上海的孩子们来说，每年夏天的暑假许多家长都会陪着他们在上海交大的钱学森图书馆度过整个下午的时光。

　　时光早已流逝，但钱学森这个名字，以及他的颠沛流离、他的执着与坚定、他的爱和付出却会一直保存在每一个到访者的内心深处。

　　穿越历史的重重迷雾，这是一段关于艰难与信念、抉择与理想的不朽传奇。

第一章
钱学森的艰难归国路

　　五角大楼——世界上建筑面积最大的单体办公楼,形状为五角形,坐落在华盛顿附近的阿灵顿县。这里防卫严密,安全防卫级别仅次于美国白宫,街区每个公路入口都部署着固定警车、警员,一切企图进入大楼区的民用车辆都将被盘查。而五角大楼的保卫负责区,就算是当地警方也不能随便靠近,因为这里是美国国防部所在地。

　　1950年8月23日,街头飘着蒙蒙细雨,天色阴沉沉的。一位行色匆匆的华人学者却没有受到任何阻拦就来到了五角大楼的入口。警卫拦下他后,看了看他出示的证件,就立刻让他通行,不再询问半句。这位华人学者没有丝毫犹豫,径直走进了美国国防部海军部副部长丹尼尔·金贝尔的办公室。

　　这位华人学者不是别人,正是著名的空气动力学专家钱学森。

　　而此时在他洛杉矶的家中,他的妻子蒋英——一位美丽的女高音歌唱家——正在忙着准备托运行李,把家中的一切物品以及这位学者的办公资料打包。所有物品足足装满了8只大木箱。连丈夫送给她

美国海关和美国联邦调查局人员在检查钱学森的托运行李

的结婚礼物——一架三角大钢琴，也被搬到了托运公司的仓库。

因为他们已经订好8月28日飞往香港的加拿大太平洋航空公司的机票，4天后他们全家将要离开美国回到中国。

钱学森此次前往华盛顿拜访金贝尔，就是正式告知金贝尔自己和家人将离开美国，返回自己的祖国，同时也希望能在离开美国之前，澄清那些关于他的种种不实之词。金贝尔力劝钱学森留在美国，并要钱学森三思而行，但这位闻名全美的著名科学家去意已决。然而他无论如何都没有想到，自己刚一离开办公室，金贝尔立即拨通了美国司法部的电话。

"无论如何都不能放钱学森回红色中国，他知道所有美国导弹工程的核心机密"，金贝尔在电话中这样说。

"回到中国去"，这是钱学森期盼已久的事情。1949年5月他收到一份来自中国"北方当局"的来信，邀请他回中国领导航空工业的建设。钱学森知道，信中的"北方当局"就是中国共产党。

当时的钱学森刚刚被加州理工学院邀请担任喷气推进中心主任，这是他赴美以来获得的最优厚科研条件，但报效祖国始终是钱学森深藏于内心的最终归属。

早在1947年，钱学森与妻子蒋英结婚时，就将举行婚礼的地点定在了上海。而在受邀演讲中，他用诺贝尔获奖者尤里的一句话作为结尾："我们要消灭众生的困苦与匮乏，带给他们愉悦和美丽。"

也正是这一时期，钱学森确信了中国的未来是光明的，他告诉美国友人，他相信中国的胜利将属于中国共产党。回到美国后，他很快便辞去了美国空军科学咨询团成员和海军军械研究所顾问的身份，逐渐脱离美国军方身份，为回国创造条件。

钱永刚（上海交通大学钱学森图书馆馆长、航天十二院钱学森决策顾问委员会主任、钱学森之子）：

1947年我父亲回国结婚，而当时国民政府也有聘任我父亲做交通大学校长这么一个打算。但是我父亲看到当时民不聊生的状况他很失望。所以当他的导师叶企孙教授问他"你愿不愿意当这个交大的校长啊"，我父亲愤愤说了一句："我不愿意为这个政府粉饰太平。"

高永中（中共中央党史研究室副主任）：

1949年周恩来总理发出了一个指示，号召做留美知识分子回国工作。总理的指示传达以后，对海外留学人员的这个鼓舞是很大的。许多知识分子、留学人员积极准备回国，钱学森同志就是当时其中的一位。

钱永刚：

收到这封信以后，我父亲和我母亲都很激动。1949年10月1日共和国成立，我父亲在海外看到了这个报道跟我母亲商量，"现在是到了回国的时候，下一个学期结束以后，我们就回国"。

当中华人民共和国的开国礼炮宣告新中国的诞生时，在大洋彼岸，钱学森和已经怀孕的夫人蒋英，也将迎接一个新生命的到来。他们决定等孩子生下来，就一起回到新中国。

在与中国留学生的聚会当中，他们相约：为了追寻真理，我们应当回去；为了国家民族，我们应当回去。

但这个计划并没有钱学森所预料的那么顺利和美好。

当已经辞去加州理工学院教授职务的钱学森从五角大楼走出，经过6小时的飞行，从华盛顿到达洛杉矶机场时，美国移民局的稽查已经在飞机场恭候多时，他交给钱学森一纸限制出境的公文："禁止离开美国。"

此刻的钱学森并不知道，灾难即将接踵而至。

20世纪40年代末到50年代初，"麦卡锡主义"盛行，一场声势浩大的"反共排外"运动在美国愈演愈烈。1950年，在"麦卡锡主义"恐怖弥漫下的美国，三种身份的人最容易遭到清洗：同情共产主义的人、外国人和科学家。

1950年2月9日，世界局势改变，两极

分化产生。共和党参议员麦卡锡发表演说，扬言手中握有一份205人的名单，他宣称这些人全是共产党或间谍网的成员，其中有一些人甚至仍在参与制定美国国务院的政策。

此时正值冷战形势最严峻的阶段，麦卡锡的演说，如同一颗重磅炸弹在美国政坛炸开。一场声势浩大的"清共运动"席卷美国，上到美国国务院，下至方方面面，其中军事机要部门是清理的核心。

在加州理工学院喷气实验室，因为一名由钱学森推荐的研究员威因鲍姆被查出是美国共产党，当局立即吊销了钱学森从事机密研究工作的执照，并通知加州理工学院，不准钱学森参与任何涉及军事机密的研究。

从1942年获得安全许可证起，钱学森为美国的军事技术发展做出了重要贡献，而美国政府却把钱学森当成美国的敌人加以审查，这让钱学森难以容忍，深感人格受辱。

于是，钱学森向加州理工学院提出辞职，并决定归国。此时已经到了1950年6月。

临走前，他只身前往华盛顿，向美国海军部副部长金贝尔告知他的回国行程。

一个华人学者的辞职、归国，本来不会

薛惠锋（中国航天系统科学与工程研究院院长）：

尽管钱老有这样的身份，在美国可以自由进出美国五角大楼，拥有海、陆、空三军的特许通行证，但是后来他仍然受到了不公正的待遇，甚至被猜疑、怀疑。

当我父亲离开金贝尔办公室的时候，金贝尔拿起电话跟司法部打电话讲，钱学森这个人知道的东西太多，无论如何不能让他回国。所以当我父亲从华盛顿回到洛杉矶的时候，美国移民规划局的稽查向我父亲出示了不许他回国的指令。他一气之下，在家待了7天，闷在家里头也不出去。但是他不知道，当他从机场回到家的时候，这个家已经被移民归化局的稽查监视了。

引发什么波澜，然而就在钱学森递交辞呈不久，世界局势又发生了重大变化。就在这一年6月，朝鲜战争爆发，美军正在为即将进行的大规模登陆准备。而美国军方这一举动，恰好暴露了他们阻挠钱学森归国的真正原因。

美国军方担心一旦钱学森回到红色中国，他的技术和知识会为苏联所用。所以尽管美国的法律规定当外国人涉及危害美国国家安全时将被驱逐出境，但联邦调查局坚持不让他离开美国。

就在钱学森前往华盛顿拜访金贝尔的同时，一场针对钱学森所携带行李的秘密审查也在进行。很快，联邦调查局声称钱学森的8只木箱中涉及美国机密文件，违反了美国的"出口控制法、中立法和间谍法"，并申请地方法院下达了扣押令。而后来的调查显示，钱学森丝毫没有带走美国军事科学机密的企图，那些被查扣的文件不过是私人书籍、笔记和数学对数表。

美国司法部还指示地方移民局加大对钱学森的监控力度，绝不能让钱学森偷偷归国。气愤之极的钱学森索性把自己关在房间里闭门不出。

负责监视钱学森的移民归化局稽查在钱学森家门外连守了七天七夜，但是却没有见到钱学森出入家门。这时传出谣言说，有人在美国和墨西哥的边境看到了钱学森的车子向墨西哥方向驶去。稽查担心钱学森已经离开，就去敲钱学森家的门，没想到开门的正好是钱学森本人。尴尬的稽查只好说自己敲错门了，而这样的"打扰"后来就成为家常便饭了。

在没有任何证据证明钱学森是共产党的情况下，他们既不能逮捕钱学森，又怕钱学森偷偷归国，于是移民归化局稽查商量了一个折中的办法——把钱学森拘留起来。

9月7日傍晚，蒋英正在安抚刚刚出生两个月的婴儿，忽然听到一阵急促的敲门声。蒋英把门打开，看到门口站着两个陌生的彪形大汉，声称要找钱学森。蒋英看来者不善，挡在门口不让他们进门。钱学森听到门口发生争执，从书房出来，询问来人有什么事。在得知对方的来意后，钱学森让蒋英抱着啼哭的婴儿回屋去，他来处理此事。那两个陌生人是移民归化局的稽查，此行的目的就是要带走钱学森。钱学森转过身来，用平静的语气对蒋英说："他们让我跟他们走。"

其中一名稽查朱尔多年后回忆说，钱学森被拘留时脸上很平静，他似乎对自己说："好吧，这事终会有水落石出的一天。"

1950年9月6日，钱学森因莫须有的"企图运输秘密文件"罪名被拘禁，地点位于洛杉矶以南的圣佩罗湾，是特米诺岛上美国司法部移民归化局用来羁押偷渡者的地方。调查人员特意把钱学森关在一个单人间，不允许他和任何人谈话，并且实施了非人道的折磨。透过铁窗，钱学森只能凭借远处洛杉矶隐隐约约的灯光证明自己还活在人

1950 年 11 月，钱学森在美国洛杉矶司法部移民规划局 "听证会" 上

钱永刚：

这个拘留所是专门关押从墨西哥非法偷渡入境的墨西哥移民的，好在移民归化局手下还留点情，没有把我父亲和偷渡的人关在一起，而是还给了个单间还有卫生间。

蒋英顾不得愤怒，在钱学森被带走后匆匆拨通了加州理工学院的电话，告诉校方钱学森被捕的消息。大家极为震惊，纷纷伸出援助之手，校长李·杜布里奇马上去华盛顿找有关方面为钱学森说情。弗兰克·马勃教授亲自驾车带着蒋英去找能为钱学森辩护的律师，并让自己的妻子代蒋英在家照看两个幼小的孩子。

10

15 天后，经过加州理工学院校长李·杜布里奇和老师们、朋友们的多方努力，交了15000 美元的赎金后，钱学森才被保释出狱。在当时，1000 美元的抢劫案已经算大案，而15000 美元更是巨额赎金了。

钱学森出狱后逐步恢复了说话能力，重新回到加州理工学院。但他并没有获得自由，联邦调查局继续对他进行监视和跟踪，还多次举行听证会对他进行审讯。检察官问他："你要求回中国大陆，那么你会用你的知识去帮助大陆的共产党政权吗？"钱学森回答道："知识是我个人的财产，我有权要给谁就给谁。"检察官哑口无言，半天说不出话来。

在此期间，他的生活和活动范围受到了限制，每天都会接到陌生人的电话，有时在街上也被人跟踪监视，平时的邮件也经常被人打开检查，甚至会有陌生人擅自闯入家中。钱学森不得已在很短的时间里搬了 4 次家。

限制自由、监听与跟踪充斥着那段屈辱、无助而又漫漫无期的软禁生涯。钱学森在给美国友人的信中发出了悲凉的感慨：你相信世上还有正义与诚信吗？

一个遵守法律的中国人要回到自己的祖

间。但是要命的是这个房间里晚上每三分钟就亮一回灯，让你根本就睡不着觉。正是这种身体摧残使他在 15 天的拘禁当中体重掉了 15 磅。

钱学森夫人蒋英回忆这段经历：

（当时）我获准去拘留所看他，我说我们已经跟杜布里奇说好了，明天就可以来接你出去了。我就奇怪他怎么不说话，他也没叫我名字，原来他失去了语言能力。第 15 天去接他出来的时候，他什么人也不理，就跟着我，但是一句话也不说。他不会说了。我跟他说回家了，孩子都好，你放心。他只知道点国本属正常，为什么钱学森会让美国政府如此恐惧呢？

1935 年 8 月，24 岁的钱学森考取了"庚款留美"公费生，从上海乘游轮横渡太平洋，进入美国麻省理工学院航空系攻读硕士学位。也正是这一年，钱学森在撰写题为《火箭》的文章中描绘了自己心中的远大抱负：你在一个晴朗的夏夜，望着繁密的闪闪群星，有一种可望而不可即的失望吧，我们真的这么可怜吗？不！绝不！

当时美国人根本看不起中国，那些高大的白人同学经常嘲笑中国落后，但钱学森用行动给出了漂亮的回击。在麻省理工学院他总是考第一名，每天早晨 6 点起床，除了上课和做实验，他的大多数时间都泡在图书馆，最大的娱乐爱好是古典音乐。波士顿交响乐团 1935 年到 1936 年一共举行了 20 场演奏，钱学森一场都没有错过。一年后他就戴上了航空工程硕士的方尖帽。因为美国的飞机制造厂歧视外国人，钱学森无法去工厂实习，于是 25 岁的他果断转入加州理工学院，考取了航空动力学权威专家冯·卡门教授的博士研究生。冯·卡门是一位充满传奇色彩的犹太裔科学家，从纳粹时期"反犹主义"盛行的德国来到美国从事他的航空理论研究。同样身处异乡的心境，让冯·卡门与钱学森之间多了一层天才之间惺惺相惜的感情。在回忆录中，冯·卡门这样描述两人的初次相遇：我抬头看到一位个子不高、仪表严肃的年轻人，他异常准确地回答了我所有的问题，他思维的敏捷和富于智慧顿时给我留下了深刻的印象。

在冯·卡门的指导下，年仅28岁的钱学森以一种全新的近似方程式解决了飞机高速飞行时壳体变形的数学难题，这就是著名的"卡门—钱近似"公式，被后来的国际航空界广泛应用了20年。1939年6月，钱学森获加州理工学院航空数学博士学位。

1940年，在加州理工学院古根海姆空气动力实验室，钱学森和学院的一群年轻人，在老师冯·卡门的指导下，共同试验并发射了他们的第一枚火箭，这里也成为美国最初的火箭研究发源地。从此，钱学森的研究重心从航空开始转向火箭，冯·卡门却敏锐地感觉到，这些年轻人的尝试可能改变未来。

1944年2月，加州理工学院喷气推进实验室成立，实验室设置弹道、材料、推进和结构四个部门，钱学森负责推进部门并参与管理弹道部门。美国政府每年投入300万美元开始研究代号为"列兵A"的火箭武器。1943年，小组成员共同完成了美国第一个军用导弹的设计。

1945年春天，第二次世界大战已近尾声。钱学森参加了美国国防科学咨询团，随冯·卡门等人一起考察德国秘密火箭研究基地，这次考察对钱学森日后从事火箭导弹研制工作启发很大。作为主要撰稿人，他参与起草了《迈向新高度》系列考察报告，13 卷中有 5 卷都有钱学森参与编撰，并执笔了最重要的部分。美国政府曾赞扬钱学森为反法西斯战争的胜利做出了"巨大的无法估价的贡献"。

1947 年，36 岁的钱学森成为麻省理工学院最年轻的终身教授。他已经是世界知名的火箭喷气推进专家，成为美国科学界一颗最明亮的新星。《纽约时报》和《时代周刊》预测他会成为另一个世界著名火箭专家冯·布劳恩。功成名就的钱学森却从来没有想过永远留在美国，在美国的 20 年里，他没有买过一分钱保险。钱学森后来回顾在美国的经历时说："我从 1935 年去美国，到 1955 年回国，在美国待了整整 20 年。我在美国那么长时间，从来没想过这一辈子要在那里待下去。我这么说是有根据的。因为在美国，一个人参加工作，总要把他的一部分收入存入保险公司，以备晚年退休之后用。在美国期间，有人好几次问我存了保险金没有，我说一美元也不存，他们感到很奇怪。其实没什么奇怪的，因为我是中国人，根本不打算在美国住一辈子。"

钱学森说，我到美国去，心里只有一个目标，就是要把科学技术学到手，而且要证明我们中国人同样可以达到科学技术高峰。即便在被软禁的 5 年当中，钱学森也并没有消磨掉自己的天赋，而是迅速调整心态，辞去所担任的大多数职务，转向不保密的"工程控制论"和"物理力学"领域的研究中，开创了两个重要学科。他连续 4 个月每月完成一篇论文，一部 40 万字的《工程控制论》也在这一时期完成。正是在新的研究领域中，钱学森找到了新的心灵慰藉。

在为美国国防事业做出了如此多的贡献却遭受如此非人道的迫

英文版《工程控制论》

在受美国当局监控期间，钱学森仍然坚持科学研究

害后，钱学森毅然决定，一定要回到中国。正在钱学森为归国之事绞尽脑汁、想方设法、一筹莫展之时，机会来了。

1955 年夏天，一场盛大的游行集会在北京举行，人们走上天安门广场欢庆五一劳动节。钱学森通过英文版的《人民画报》看到关于中国庆祝五一劳动节的报道，报道中还有陈叔通和毛主席在天安门城楼上合影的照片。钱学森和蒋英十分激动。陈叔通是钱学森的父亲钱均夫的老师，也是钱家多年的老朋友。钱学森有每日读报的习惯，他又陆续

薛惠锋：

也就是在最困难的时候，那 5 年被折磨的时间，钱学森完成了他的巨著《工程控制论》。它是钱老在美国代表作之一，实际上他把工程科技的组织管理的技术与控制论的结合所产生的思想和理论架构、技术方法，恰恰就是他后来所钟爱的系统工程事业的奠基之作。《工程控制论》的巨著后来被翻译成多种版本，具有里程碑式的意义。

15

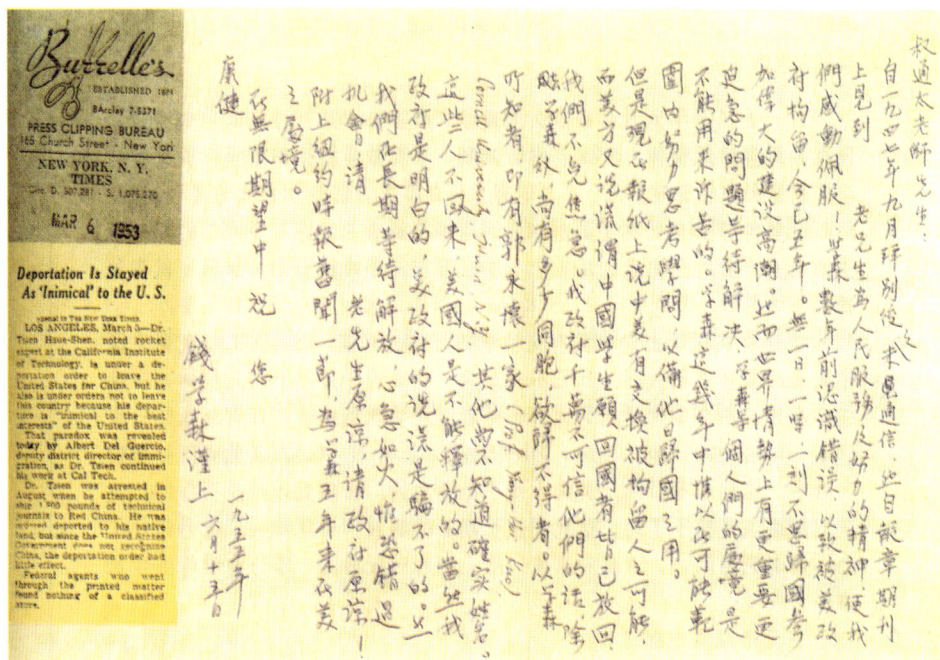

当时钱学森写给陈叔通的信

从报纸上看到，中美两国正在进行围绕双方侨民归国问题的谈判，美国报纸还宣称"中国学生愿意回国者皆已放回"。于是夫妇两人商量给陈叔通写封信，详述自己被美国拘留，有国难归的困境，通过陈叔通请求中国政府给予帮助，营救他们归国。可是这封信怎么写？怎么才能寄到陈叔通的手里？他们并没有陈叔通的地址，更何况当时美国联邦调查局还会拆检钱学森的信件。

1955年6月15日，软禁中的钱学森给陈叔通写信，说他们"被美国政府拘禁，今已5年，无一日一时一刻不思归国参加伟大的建设"，在信中，钱学森用最直接的方式表达了他当前的困境和对于归国的期待，"心急如火，唯恐错过机会"，请求祖国帮助他们归国。

钱学森把给陈叔通的信写好了，还特地在信中附了一份 1953 年 3 月 6 日《纽约时报》的剪报，题为《驱逐对美国不利》，以此说明美国政府扣留他的情况。

可是，怎样才能把这封极其重要的信安全地寄到陈叔通手里呢？

当时从美国寄往中国的信件太过引人注目，如果贸然给中国寄信，调查人员将成为第一个也是最后一个读者，一切努力都将前功尽弃。

钱学森和蒋英深思熟虑，商量出一个办法。蒋英用左手模仿儿童笔迹写了信封，把钱学森的信夹在了她写给侨居比利时的妹妹蒋华的信中。因为当时从美国寄往比利时的信件，远没有寄往中国的信件那么引人注目，也就相对安全些。然后，夫妇两人带着书信来到一家黑人办的小超市里的咖啡馆，由钱学森在门外和跟踪的特务纠缠，蒋英则机敏地躲开特务的视线把信投到了邮筒里。

蒋华收到姐姐的来信，立即把这封信从比利时转寄到上海钱学森父亲的家中。钱均夫马上寄给了在北京的老朋友、时任全国人大常委会副委员长的陈叔通，陈叔通当即把钱学森的信和剪报一起转交给中国科学院副院长竺可桢，科学院迅速将此事上报给陈毅副总理。周总理得知后，令外交部火速把信转交给正在日内瓦进行中美大使级谈判的中方代表王炳南，并指示："这封信很有价值。这是一个铁证，美国当局指令仍在阻挠中国平民归国。你要在谈判中用这封信揭穿他们的谎言。"

1955 年 8 月 1 日，中美大使级会谈在日内瓦开始，会谈的议题

中美大使级会谈，左边为中方代表，右边为美方代表

是朝鲜战场被押人员的遣返和中国留美学者的归国问题。作为交换条件，同时也为了表示诚意，中国已经提前释放了11名美国飞行员。美方主谈者美国驻捷克大使U·艾里克西斯·约翰逊一方面感谢中国释放美国战俘，一方面却矢口否认美国政府扣留了任何愿意回国的中国公民。王炳南大使当即出示钱学森的亲笔信，并当场宣读，约翰逊哑口无言了，他涨红了脸立即要求休会，然后火速请示美国国务院，国务院又请示总统。时任美国总统艾森豪威尔无奈地说："让钱学森回去吧。"经过中美两国的交涉，美国政府迫不得已允许钱学森离开美国返回中国。周恩来后来评价："换回了一个钱学森，也值。"

　　1955年8月5日，钱学森接到美国政府的通知，得知他可以回国了。

　　面对即将归国的钱学森，冯·卡门送给了他一张彩色照片作为留念，并在上面用德语写下了"不久再见"。然而这对传奇师生却再也没有见面，钱学森终其一生再也没有踏上美国国土。

钱学森夫妇担心夜长梦多，情况有变，于是他们立即去买机票和船票，而且时间越早的越好。为阻挠钱学森一家回国，美国政府要求最快启航的"克利夫兰总统号"邮轮只能将三等舱船票卖给钱学森一家，然而钱

钱学森一家四口在"克利夫兰总统号"邮轮甲板上的合影

钱永刚：

当时乘坐那艘船在太平洋上航行的时候，正好是 1955 年的 10 月 1 日国庆节，大家就说这是我们国家自己的国庆节日，所以晚上大家自编自演，在船上排了一台晚会。当时每一家都要出个节目，那我们家就是我和我妹妹唱歌，我母亲弹琴。

钱永刚：

我母亲告诉我说当时他们都非常紧张，因为当时到了深圳，也就是今天的罗湖海关，那里有一个门，是香港海关的门。然后要走过大概三百米长的一个桥，才能进到共和国罗湖海关的那个门。她说当时就紧张在这三百米，因为这是属于双方政府都不管的空白地段。当时都商量好说只要一听到枪声，我母亲就把两个孩子交给另外两个人带着，然后他们就地卧倒，我母亲要趴在我父亲身上保护他。这种万一遇不测的方案都已经商量好了，就可见大家当时的紧张了。一直到了进了共和国的罗湖海关的海关关口，才算是真的回国了，到家了。

学森丝毫没有犹豫，只要能回到祖国，不管是几等舱他们都走。

此时正是钱学森到美国的第 20 个年头。

1955 年 9 月 17 日，钱学森和蒋英带着一双儿女终于登上"克利夫兰总统号"轮船。

码头上挤满了送他们一家归国的朋友和新闻记者。面对媒体记者和赶来送行的朋友们，钱学森告诉他们："我将尽我所能，帮助中国人民，建立一个幸福而有尊严的国度。"

说完，钱学森携妻子儿女在轮船甲板上向送行的人们挥手告别。

钱学森举家归国成为当时美国媒体的一条大新闻：火箭专家返回红色中国，钱学森博士发誓再也不到美国了。

美国一些有识之士深知钱学森的分量，他们得知钱学森归国后叹息道："放钱学森回中国是美国政府做过的最愚蠢的事。"

这个长达 5 年的归国计划终于画上了句号。

钱学森一家归国后，受到祖国科学界的热烈欢迎，10 月 8 日，钱学森一家抵达深圳，中国科学院派来的代表朱兆祥和广东省政府的有关人员在海关罗湖桥桥头迎接。

Form 3811
Rev. 1-4-40

RETURN RECEIPT

Post Office Department
OFFICIAL BUSINESS

PENALTY FOR PRIVATE USE TO AVOID PAYMENT OF POSTAGE, $300

WASHINGTON, D.C.
JUN 9
8 PM
1949

SAVE THE EASY WAY
BUY U.S. BONDS ON
PAYROLL SAVINGS

TOWN NAME OF DELIVERING
OFFICE

Return to   R. S. Tsion

Form 3811
Rev. 1-4-40

RETURN RECEIPT

Received from the Postmaster the Registered or Insured Article, the original
number of which appears on the face of this Card.

RECEIVED AT DEPARTMENTAL POST OFFICE
THE PENTAGON, WASHINGTON 25, D. C.

(Signature or name of addressee)

BY: T. Robinson

Form 3811
Rev. 1-4-40

RETURN RECEIPT

Received from the Postmaster the Registered or Insured Article, the original
number of which appears on the face of this Card. POST OFFICE
THE PENTAGON, WASHINGTON 25, D. C.

1   BY:

(Signature or name of addressee)

2   T. Robinson

(Signature of addressee's agent. Agent should enter addressee's name on line ONE above)

Date of delivery   9 JUN 1949   , 194

U. S. GOVERNMENT PRINTING OFFICE   16—19421

8 个箱子的行李托运票据

1955 年 10 月 10 日，《人民日报》第一版对钱学森一家回国的报道

1955 年 11 月 8 日，钱学森一家走过香港与深圳之间的罗湖口岸

在深圳海关办理入境手续时，钱学森指着那几个大木箱对朱兆祥说："这就是 1950 年被美国政府无中生有地诬陷为'携带机密资料出境'的 8 个箱子。出于抗议和期待，这几个箱子 5 年来一直原封不动，我们随时待机启运，现在这 8 个箱子也终于进了祖国的大门。"

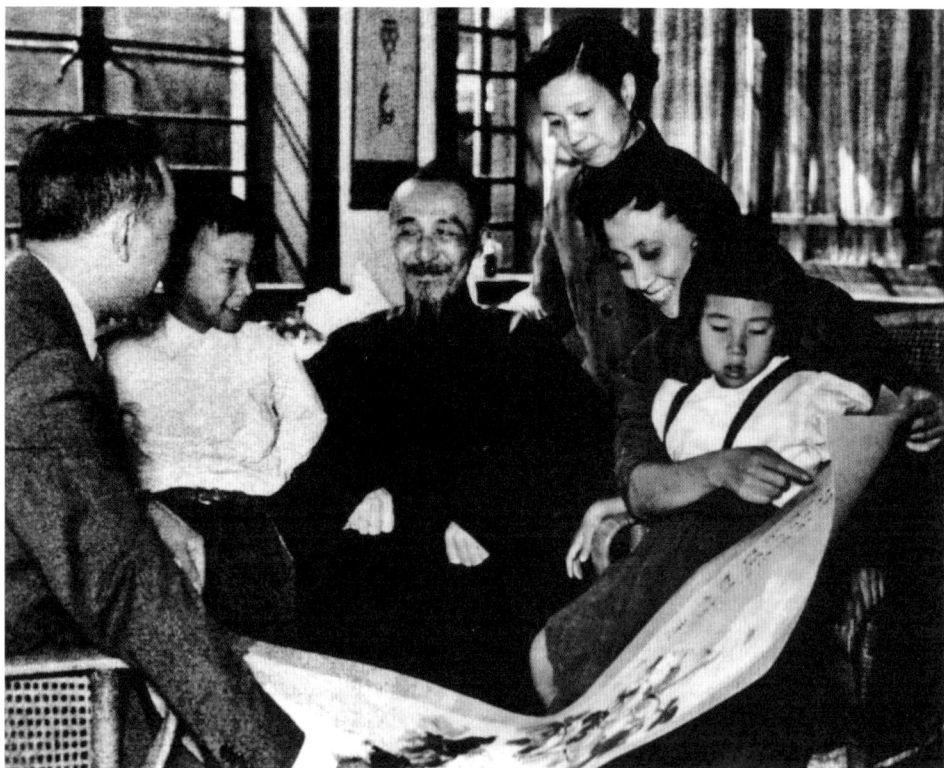

钱学森全家人一起欣赏钱均夫赠给钱学森的中国名画

当天晚上钱学森一家到达广州。第二天，中共广东省委书记陶铸会见了钱学森，并安排他在广州参观访问。

10月12日，钱学森抵达上海，已经73岁高龄的钱老先生早已等在车站。第二天，钱学森一家去看望老先生时，深知儿子对艺术的爱好，钱均夫送给钱学森的见面礼物是一组著名的中国画。10月13日，恰逢钱永刚生日，一家人按古老的中国习俗吃起了生日面。蒋英非常高兴，历经波折，一家人终于团聚了。

然而，让蒋英万万没想到的是，她的丈夫很快就开始投入到一项重要的国家机密工作中，而且经常不知去向，喜欢干净整洁的钱学森，变得经常是十天半月不见人影，风尘仆仆回到家就是一脸疲惫。钱学森开始寡言少语，行踪也变得神秘起来，他三缄其口，从不向妻子儿女述说艰辛。他在忙什么呢？

很快，钱学森归国的深远历史意义显现出来。

第二章
命运的抉择

　　1955 年是钱学森回到祖国的那一年，是中华民族共和国成立的第 6 周年，是祖国第一个"五年计划"的第 3 年。钱学森第一次亲眼见到这个国家。在钱学森踏上中国土地一周前的国庆阅兵式上，中国人民解放军身着新式军服、军衔和领章整齐地走过天安门。但细心的人可以发现，受阅部队的武器仍是清一色的苏式常规装备。此刻的钱学森并不清楚时代的抉择和命运的洪流要让他扮演怎样一个角色。

　　在那个凯歌行进的年代，大规模工业建设让新中国的面貌日新月异，在苏联的援助下，156 项工业建设全面进行，国家工业体系的雏形渐渐形成。钱学森到达广州后买了一本《第一个五年计划》，以便了解祖国的最新变化。

　　1955 年 11 月 25 日，哈尔滨已进入隆冬。一位说话带有北京口音的男子冒着严寒向哈尔滨军事工程学院走去，与他擦肩而过的人们，并不知道他就是刚归国不久的钱学森。

　　归国后不久，钱学森就来到北京，得到中国科学院副院长吴有刘登锐（航天档案馆原馆长）：

到 1955 年 10 月 8 号回来，党和国家希望钱学森了解中国的发展情况。特别是当时东北地区是我们工业比较发达的地方，而且航空也是从哈尔滨、沈阳发展起来的。钱学森也愿意出去看看。

训和著名科学家周培源、华罗庚等人的热情接待。11 月 5 日，时任国务院副总理的陈毅也接见了钱学森。随后，中国科学院请钱学森组建力学所并出任所长，还特意安排他去中国工业基础最好的东北参观考察大学和科研院所及工厂，了解祖国科技和工业的建设情况，以便使钱学森能够完整地勾画出他今后开展工作的设想蓝图。

同时，一封题为《钱学森赴东北参观事》的函件发往东北各大工业城市，函中要求东北各单位安排钱学森的参观行程并保卫其安全。东北有当时最大的钢铁厂、煤矿、水电站和其他一些重要的基础工业，钱学森的参观名单中还包括有高度保密的飞机制造厂。

在安顿好家人后，钱学森来到哈尔滨，就向中科院安排的全程陪同人员朱兆祥提出，自己有两个曾一同在加州理工学院的老朋友——罗时钧和庄逢甘，听说他们现在哈尔滨一所军队的大学里工作，希望能见见他们。钱学森并不知道，他的这两位朋友所在的学院，全称为中国人民解放军军事工程学院，保密度极高，人们通常称之为"哈军工"。

听到钱学森的要求，朱兆祥既没点头，

中国科学院副院长吴有训（右）、物理学家周培源（中）
在北京火车站迎接钱学森

对于东北之行，钱学森后来回忆道：

因为那个时候，东北是中国最强的一个现代化工业基地。那么我转了好几个地方，最后到哈尔滨。

也没摇头。按照当时的规定，只有省委委员以上的人才有资格去那里参观。能否让钱学森进入这所学院，朱兆祥并没有确切把握。

来到工程学院大门前，钱学森惊讶地发现，早已有一队军人在等候他，站在队伍最前面的是一位军容严整肩佩大将军衔的人。这个人见到钱学森后，紧紧握住了他的手，用军人独有的爽朗做了自我介绍："欢迎钱先生，我是陈赓。"

看到陈赓，朱兆祥总算松了口气。原来，头一天收到朱兆祥的汇报后，黑龙江省委很与陈赓大将的会面，钱学森后来仍然记忆犹新：

忽然通知我说，今天晚上你到哈尔滨军事工程学院，院长陈赓大将要会见你。去了在吃饭，吃完饭陈赓大将就跟我谈谈，他说中国人搞导弹行不行。我那时候正憋着一肚子气呢，中国人怎么不行啊？所以就回答很干脆。我说外国人能搞的，中国人不能搞？中国人比他们矮一截？

发愁，因为"哈军工"的密级实在太高，他们也无法做主，便请示了正在北京的陈赓大将。

陈赓早年做过情报工作，时任解放军副总参谋长，兼任哈军工的首任院长，身为一个军事家，他深知钱学森的价值。在收到钱学森要参观哈军工的请求后，他马上从北京启程，一大早乘专机飞到了哈尔滨。

伴随着陈赓大将爽朗的笑声，二人在一队军人的护送下，走入了哈军工。此时钱学森的两位同学罗时钧和庄逢甘还在上课，中午才能陪同他，陈赓就先带他参观学院。在哈军工学院陈列馆里有许多美军飞机、坦克、带有无线电引信的炮弹，在当时都属军事机密，并不对外开放。这时，陈赓大将认真地问道："钱先生，你看我们中国人能不能搞导弹？"钱学森回答得很干脆："能！"

其实，陈赓就是在等他这句话。正是他的这一番话，使新中国的领导人把导弹研制的计划提上了议事日程。

此时在中南海，还有一双眼睛也正密切关注着钱学森的一举一动。

陪同钱学森在东北参观、考察结束后，

朱兆祥刚回到中国科学院，突然接到中国科学院办公厅的通知，传达通知的办事人员告诉朱兆祥说，彭老总的办公室来了几次电话，叫他回到北京之后，赶快到这个地方去一趟。办事人员还将一张小纸条交给朱兆祥，纸条上写着"灵境胡同"。

朱兆祥很奇怪，因为他也不知道究竟什么事。灵境胡同是距离中南海不远的一个胡同，在胡同的显著位置，坐落着一座四合院。朱兆祥按照小纸条的地址来到这座四合院，四合院门口有穿军装的门卫，表明这里是部队机关。

原来这个四合院正是哈军工驻北京的办事处。当时正在住院的彭德怀请陈赓约见钱学森。因为钱学森此时隶属于中国科学院，所以陈赓就先找到朱兆祥，希望他能帮忙约见钱学森。

在钱学森回京前，彭德怀就曾几次给中国科学院打电话，询问钱学森是否回到北京。

彭德怀为什么如此着急？

原来彭德怀出身军旅，曾率领中国人民志愿军赴朝鲜参战，在朝鲜战争中，虽然中朝获得了战争的最终胜利，但是由于当时的武器装备和美国对比悬殊，志愿军在美国飞机的轰炸中损失严重。刚刚从战火硝烟中走出来的中国人民，又遭受到帝国主义的核威胁。无论是从过去百年屈辱史中深刻体会到"落后就要挨打"的道理，还是面对严峻的国际局势，发展导弹、原子弹都成为中国国防的当务之急。彭德怀要亲自征询钱学森对于中国如何研制导弹的具体意见。

然而，导弹是当时最先进的武器，但是中国还没有人见过导弹是什么样子，无疑，钱学森的回国使大家看到了希望。

刘登锐：

陈赓后来回到北京马上跟彭德怀汇报了，所以钱学森从哈尔滨回到北京之后，马上彭德怀就接见他。当时就问他，我们什么时候搞一个多少公里的导弹能不能行。钱学森回答说完全可以的。

事实上，陈赓这次去哈尔滨会见钱学森，彭德怀正是幕后指挥。彭德怀早就叮嘱陈赓找机会结识钱学森，没想到被中国科学院抢了先。这次钱学森主动找到哈军工，接到黑龙江省委电话的陈赓大喜过望，并立即把这个好消息通知了彭德怀。当陈赓回京向他汇报与钱学森在哈军工见面的情况后，彭德怀已迫不及待要亲自会见钱学森。

一个月后的 12 月 26 日，陈赓陪同钱学森来到位于北京东单的北京医院高干病房，彭德怀在此已等候多时。

彭德怀元帅虽出身贫寒，种过田，捡过煤，只念过两年书，但在战场上叱咤风云，见到钱学森，他开门见山，自我介绍说是个军人，今天找他来就是想谈谈打仗的问题。他直截了当说："我们不想打人家，但若人家打过来，我们也要有还手之力。我们能不能先搞出一种短程导弹，比方说射程 500 公里，这需要什么样的人力、物力和设备条件？估计需要多长时间可以造出来？"

钱学森一一回答，他说："美国从军方开始支持搞导弹，到搞出第一枚导弹，用了近 10 年时间。中国可以比他们快，有 5 年时间我看是可以的。"

这绝对不是一句轻松的口号，新中国成立之初，经济基础薄弱、百废待兴，钱学森当时在东北考察时，中国连第一辆解放牌大卡车还没造出来。中国军队的武器装备也很落后。

听到钱学森肯定的回答，彭德怀非常高兴。

那天彭德怀不仅自己认真请教钱学森有关导弹的技术问题，还嘱咐陈赓说，我们的军队不能老是"土八路"，也要学点洋玩意。让陈赓安排钱学森给军队高级干部讲讲课，让大家开阔眼界，长长见识。于是，1956 年1 月，在总政排演场，钱学森给解放军的高级将领作了导弹技术的讲演，连讲 3 场，引起了我军高级将领对发展导弹、火箭事业的极大兴趣。

不久，钱学森受周恩来总理的邀请，在中南海怀仁堂向党和国家领导人作"导弹概论"的讲座，中共中央书记处书记、国务院副总理和部长们都来听关于导弹和火箭的科普课。

新中国成立之初，优先发展飞机研制已

郭京朝（中国航天系统科学与工程研究院党委书记）：

当时，中国的国力非常弱，钱学森就说服中央领导一定要发展我国的导弹航天事业。

1956年2月1日，在招待全国政协委员的宴会上，毛泽东同志与钱学森亲切交谈

经成为中共中央和中央军委的共识，让高层出乎意料的是，钱学森态度鲜明地建议优先发展导弹。

在钱学森看来，中国刚刚起步的工业技术，很难解决飞机发动机和材料等问题，而导弹的研制技术比飞机快得多，更重要的是飞机需要载人而火箭不需要。在国际上，当时的美苏两国已经加快了对导弹、核武器等尖端国防技术的研究发展，火箭武器终将彻底改变现代战争的思维方式，也是未来发展航天事业的重要基础。

很快，毛泽东对导弹也产生了浓厚的兴趣。

1956年2月1日这一天，钱学森收到一个鲜红的请柬，请柬上的署名为毛泽东。这是毛泽东设宴宴请全国政协委员，作为政协二届二次会议特邀代表，钱学森也受到了邀请，请柬上面写着钱学森的席位在第 37 桌。

受到国家主席的接见，对每个人来说，都是了不起的殊荣。为了表示尊重，钱学森穿上了一件崭新的中山装，准时到了中南海怀仁堂。作为一场盛大的国宴，每个人的座位早已排好，来宾只需在指定位子就座。

到了宴会厅，钱学森在第 37 桌却找不到自己的桌牌。他反复核对手上的请柬，确信自己并没有看错。正在茫然无措时，突然一个人请钱学森跟他走，这个人带他径直来到第一桌。钱学森惊讶地发现，自己的桌牌已被放到了第一贵宾的位置。而坐在他身边的人，正是新中国的国家主席毛泽东。

原来，毛泽东在宴会前查看最终的宴会座次安排时，用红铅笔在第 37 桌钱学森的名字上画了个圆圈，加了一个弧线箭头，就把钱学森给安排到了第一桌，紧挨着毛泽东右手边的位子。

毛泽东热情地邀请钱学森同自己坐在一起，并问他："从现在起，我们抓紧时间，埋头苦干，争取在第 3 个五年计划末期，使我国在原子能、火箭等急需的科学技术领域有较大发展，能不能做到？"钱学森回答道，只要计划周密，工作努力，是可以实现的。

钱学森在北京作了多场导弹讲座之后，在 2 月 4 日，他又得到了一位重要人物的邀请，这次邀请他的是当时担任国防委员会副主席的叶剑英。叶剑英特意设家宴款待钱学森，话题依然是导弹。

在这次家宴上，叶剑英详细询问了研制导弹需要的人力和物力，需要设置怎样的研究机构，制订怎样的计划。面对叶剑英抛出的诸多问题，钱学森从容不迫，一一作答。此刻，他已经有了一个周密的研制导弹的构想。

听完钱学森勾勒出的中国导弹发展蓝图，陪同钱学森一起前往的陈赓认为机不可失，应抓紧时机马上向周恩来总理汇报。

陈赓是著名的工作狂，无论做什么事都全身心投入。当年在筹办"哈军工"时，他为了从各地调集几位重量级的教授，需要周恩来批准。当他来到中南海西花厅，发现周恩来正忙于接待一大批客人。陈赓眼见没有机会，就到厕所外等着。果然，机会被他等到了。出来方便的周恩来被陈赓截住，当场签完字后，陈赓才高高兴兴走了。

但此时周恩来在哪里呢？陈赓想了想说，走，去三座门。

三座门是坐落在北京景山西侧大高玄殿外的三座牌楼，北京人习惯把牌楼叫作"门"，所以那里也就叫"三座门"。当年那里是中央军委大院所在地，所以三座门也就成了中央军委的代称。那时候，中南海、国务院紫光阁和中央军委三座门在周末常有舞会。陈赓知道周恩来总理在忙碌了一星期之后，往往在周末到三座门去跳舞。于是，陈赓带着叶剑英、钱学森乘坐一辆轿车，直奔三座门。

中央特科出身的陈赓果然找到了周恩来。周恩来从舞池里下来，看到居然又是陈赓，又好气又好笑，问他又有什么事。听完钱学森关于发展导弹的设想后，周恩来非常高兴，因为从钱学森归国的第一天起，他就在关注这件事。周恩来握着钱学森的手说："学森同志，请你尽快把你的想法，就是怎么组织导弹研究机构，调配人力，需要些什么条件等等，写成一个书面意见，以便提交中央讨论。"

接见，宴会，会友，讲座，参观，钱学森归国之初，从深圳、广州到上海，然后到东北，再到北京，一直处于兴奋和忙碌之中。现在，钱学森知道属于自己的历史使命终于来了。

2月17日，钱学森精心起草的《建立我国国防航空工业的意见书》，放在了周恩来总理的写字台上。周总理逐字逐句地审阅了意见书，做了一些修改。22日，周恩来将钱学森起草的意见书送毛泽东审阅。

钱学森的这份意见书，很快引起了中共中央和中央军委对发展中国导弹事业的高度重视。

钱学森在这个意见书中，就中国发展导弹技术的组织方案、实施计划和具体措施发表了精辟的见解，并提出了由近程到中程，再到洲际导弹的长远发展规划，为党中央最终决策提供了重要的科学依据。基于保密的需要，意见书题目中用"国防航空工业"代替了导弹技术。在回国7个月后，钱学森成为中国无可替代的导弹研制第一人。对于钱学森而言，他就是要用自己最前沿的火箭知识和科学思想在中国创造出一个奇迹。

3月14日上午，周恩来在解放军总参谋部大楼会议室亲自主持了一次具有特殊意义的中央军委扩大会议。会议决定由周恩来、聂荣臻和钱学森等筹备组建导弹航空科学的研究机构，即航空工业委员会，负责中国导弹事业的发展建设，下设3个机构——设计机构、科研机构和生产机构。

对那一代科研工作者来说，1956年是一个极其特殊的年份。年初，中共中央知识分子工作会议在北京召开，中央向全国发出了"向

薛惠锋：

一直到1960年，在莫斯科召开的世界自动化联合会上，当时钱学森先生本应到会，但因为国防的需要，没有莅临会议。参加这个会议的全体科学家在会议召开前，齐声朗诵《工程控制论》的序言中的名段，来表示对科学家钱学森的尊重和对钱学森著出《工程控制论》的一种高度的评价和赞扬。

科学进军"的时代号召。周恩来在报告中说：为了实现向科学进军的计划，我们必须发展科学研究，准备一切必要的条件。

周总理在北京西郊宾馆亲自领导600多位科学技术专家，制定新中国第一个远景规划——《1956年至1967年科学技术发展远景规划纲要草案》，钱学森参与了整个规划的工作，并担任了由12个人组成的综合组组长。同时，钱学森主持完成了《喷气和火箭技术的建立》的方案，将导弹研制纳入了国家长远发展的规划。

在57项国家重大研究任务中，导弹和原子弹、电子计算机、半导体、无线电电子学和自动化技术等方向被定为紧急重点任务。在钱学森的推动下，新中国把一批尖端科研领域锁定在世界最前沿。

当时中国的国力和科技水平与美国相比不可同日而语，钱学森的自信从哪里来的呢？

这自然来自于钱学森的研制经验和理论基础。在他的专著《工程控制论》里阐述的用不十分可靠的元器件可以组成一个可靠运行的系统的理论，正是钱学森在美国研制导弹的经验总结，现在又成为中国发展导弹的理论依据。后来这部专著在 1956 年被翻译成了俄文。

凭着这些经历和背景，以及掌握美国和德国导弹研制的理论基础与实践经验，还有报效祖国的坚定信念，钱学森提出的方案，受到了党和国家决策层的高度重视。1956 年 4 月，国务院成立了由聂荣臻元帅任主任的航空工业委员会，中国开始启动导弹研制计划。

1956 年 6 月，钱学森随团赴苏联进行不公开的访问，这次访问引起了苏联科学界的高度重视，苏联科学院特意邀请钱学森去讲学。

对于钱学森来说，中国的一切都是新的和充满希望的。经历过 100 多年的奋斗与抗争，每一位从事科学研究事业的人都憧憬着未来，他们相信几代人为之奋斗的科学理想就在眼前。钱学森写信给在美国的好友郭永怀，邀他早日回国，"快来，快来，请兄多带几个人回来。这里的工作不论在目标，内容还是条件方面都是世界先进水平。这里才是真正科学工作者的乐园"。1956 年 9 月，郭永怀冲破美国政府的阻挠，携全家回到祖国。正是在钱学森和郭永怀等人的号召下，一大批海外高级知识分子纷纷回国。

1956 年 10 月 8 日，在中国航天发展史上是一个值得纪念的日子，中国航天最早的导弹研究机构——国防部第五研究院正式宣布成立，大家习惯地称之为"国防部五院"。恰好这也是钱学森归国一周年的日子，他终于来到"抵五个师"的工作岗位，出任共和国的"导弹研究院"的首任院长。1956 年的钱学森，选择了离开曾经一心想从事的纯科学研究领域，为了国家和民族的需要，全身心地投入到国防尖端领域研制事业中。

1957 年 2 月 18 日，周恩来总理签署国务院命令，任命钱学森

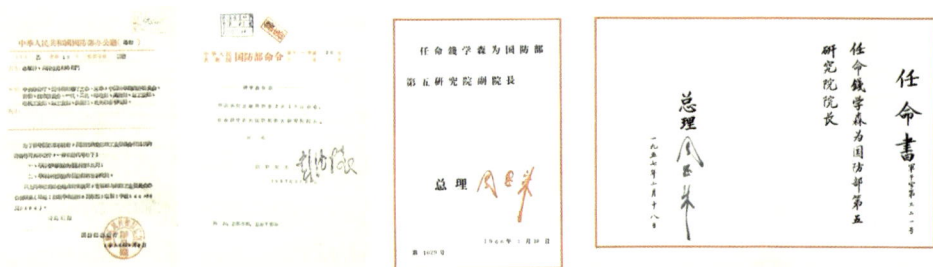

钱学森的任命书，由院长到副院长

石磊（《中国航天报》原总编辑，中国宇航出版社原副社长）：

这个时候，基建也同时开始了。来了这么多的人要有住的地方，有爱人，有孩子；爱人的工作要安排，孩子幼儿园要上，这些事就全都到了钱学森那去了。

大科学家去管这些鸡毛蒜皮的小事，可是钱学森也没办法改变这种现状。因为咱们的"一把手"跟国外的"一把手"确

为国防部五院院长；1957年11月16日，正式批准成立国防部五院第一分院，即现在的中国运载火箭技术研究院。周恩来总理任命钱学森兼任一分院院长。由此，钱学森成为当时中国国防科技工业系统内唯一一位不穿军装、不授军衔的高级领导。直到1970年担任国防科委副主任后，他才正式穿上军装。

在国防部五院工作正如火如荼进行的时候，一份请辞报告却交到了聂荣臻的办公桌上，钱学森在报告中提出请求辞去国防部五院院长一职。

钱学森在美国也当过喷气推进中心主任，可他从不管行政事务，只管科研和教学工作，而此时繁忙的行政后勤事务却让钱学森疲于奔命、焦头烂额。

身为院长，他既要为中国的导弹事业举

钱学森在国防部第五研究院首届党代会上发言

实不一样，这两个"一把手"的含金量不一样，内涵也不一样，负的责任也不一样，什么都是"一把手工程"。这第一把手，柴米油盐酱醋茶什么都得管，他说我没有这个精神准备。他心无旁骛，所以对这种"贬职"没有像平常人的那种"官越当越小肯定是犯错误了"的想法。所以钱老的心里头特别纯洁，没有什么胡思乱想的，觉得挺好，就专心致志抓科研抓技术。

办"扫盲班"，进行技术攻关，还要为大家的柴米油盐操心。当研究院的技术报告和幼儿园的办园报告一同送到他的办公桌上时，钱学森终于崩溃了。要知道，钱学森在家里从来不管生活琐事，家里大大小小的家务事包括儿女的吃穿用品及学习，都由蒋英统一负责。

拿到钱学森的请辞报告，聂荣臻也很头疼。钱学森当院长一事是周恩来任命的，降职一事也只得请示周恩来。领导们经过反复衡量，认为钱学森的请求是有道理的，决定任命钱学森为国防部五院副院长，便于专心进行科学研究和技术攻关，并派空军副司令员王秉璋当副院长，主持常务工作，由空军司令员刘亚楼兼任国防部五院院长。

此后，钱学森曾先后担任第七机械工业部副部长、国防科委副主任等一连串副职，再没担任任何正职。

然而，自从钱学森改任副院长后，人们奇怪地发现他的警卫待遇却升格了。1960年夏天，他的身边来了个穿军装的专职警卫秘书刁九勃，每天睁着警惕的眼睛，寸步不离地跟在钱学森身后。按照当时的规定，只有"副国级"以上的国家领导人才能享受此种警卫待遇。在当时的中国科学家当中，只有导弹专家钱学森和核专家钱三强两人配备警卫秘书。

原来，当时蒋介石趁着中苏关系恶化，在台湾准备"反攻大陆"，策划暗杀钱学森、

钱学森任国防部第五研究院副院长期间留影

钱三强等著名科学家。为了保护钱学森的安全，国家给钱学森配了专职警卫秘书，还配了食物、饮水的化验员。聂荣臻对钱学森关照得更细，甚至规定，没有他的批准，钱学森不得乘坐飞机。

在这样的一个年代，钱学森带领一批科学家，向着导弹科研领域的最前沿出发了。

就在这时，朝鲜战场上再次掀起波澜，中国驻朝鲜的志愿军第20兵团，整整10万人，突然神秘失踪，引起了美国白宫的高度警惕。这些人到底消失到哪里去了？他们又将做什么？秘密，在数年后揭开……

第三章
中国航天事业的奠基

2016 年 7 月，一段视频画面突然在美国社交媒体上引起轩然大波，一个神秘的火球划破美国西北部的夜空，震撼的景象立刻引发了全世界的猜测和讨论。真相很快被公布，这是中国"长征七号"运载火箭的第二级坠入大气层。就在一个月前，"长征七号"运载火箭在海南文昌航天发射中心首次发射。巨大的火焰飞向天际，它意味着新一代运载火箭正托举起中国人的梦想，奔向更加遥远的太空。

这个梦想的起点，正是 60 年前的一片空白中，那些蹒跚却勇敢迈出第一步的人们。这是一段关于爱和牺牲的记忆，更是用鲜血和生命铸就的传奇。

1958 年初春，中国人民解放军部队正在按计划从朝鲜半岛陆续撤离返回国内，国人用最盛大的仪式欢迎着最可爱的人。但在鲜花、掌声和欢呼声中由陈士榘、孙继先率领的另一支工程部队，约 10 万人，秘密出发，向目的地挺进。

数列坐满军人的闷罐火车正疾驶在中国西部的铁轨上，没有人告诉这些官兵们将去往哪里。

没有窗，官兵们看不到车外的景色，偶尔一闪而过的车站站牌也被草帘遮蔽得严严实实，没有人知道列车的目的地。恪守严明纪律的官兵们，没有过多的交谈与询问，他们只能根据太阳光的变化，猜测列车是在向西行驶。

大洋彼岸，白宫收到了一份美国中央情报局呈送的秘密报告：中国驻朝鲜西海岸的志愿军第20兵团，整整10万人，突然神秘失踪，现去向不明。美军既高度警惕，又心存疑问。但是，面对这个神秘的东方国度，美方束手无措，他们收不到任何相关消息，更无从得知这支部队瞬间消失到哪里去了。

要发展属于自己的尖端武器，这在当时的中央领导层已达成共识。鲜为人知的是，在国力有限的情况下，先造飞机还是先造导弹曾引发过一场激烈的争论。

当时，导弹在国人心目中还是个模糊的词汇，大多数人不知道它是什么。但是，刚刚从抗日战争、解放战争和朝鲜战争的战火中走过来的军事将领们，对飞机在战争中的重要作用有着更深刻的认识。

新中国的第一任空军司令员刘亚楼，就有那噩梦般挥之不去的记忆。志愿军入朝初期，别说飞机，就连防空武器都捉襟见肘，唯一的高炮团一共只有36门日制75毫米高炮，还有12门留在鸭绿江边保卫渡口。美军飞机有恃无恐，从东海岸炸到西海岸，从鸭绿江炸到汉江，轰炸时间没日没夜，扫射目标不分大小。有的飞行员欺负我军没有还手之力，竟然拼命降低飞行高度，追着志愿军战士扫射，急得挂帅前线的志愿军总司令彭德怀向他吼道：你的飞机什么时候来？！

像刘亚楼一样，持这种意见的人不在少数。因此，一些工业部门和军事部门的同志提出，应重点发展飞机，以巩固我国的空防。

当时中国的飞机制造业非常薄弱，尽管在1954年已成功研制出第一架飞机，但它是在苏联专家的帮助下仿制出来的，而且仅为初级教练机。新中国的飞机制造业仍处于起步阶段。

基础同样薄弱的情况下，到底先造飞机还是先造导弹呢？

钱学森有自己的看法，他态度鲜明地反对优先安排发展飞机，而提出要先发展导弹。钱学森提出，首先，飞机的难点在材料，而我国工业基础十分薄弱，不可能在短期内解决这一问题。其次，飞机要上人，所以对飞机的可靠性、安全性和可重复使用性，都有很高的要求，而每一项攻关都要很长的时间。另外，飞机还涉及复杂的飞行员训练、地勤和空勤等庞大的维护保障系统，均非一日之功，更需要很长时间的经验积累。

而导弹从技术上看，并不比飞机更难，研制进度却会快得多。另外，从国防的未来发展来看，导弹结合核武器是发展的必然之路。钱学森还提出，火箭、导弹技术的发展，将彻底改变现代战争的模式，导弹可以从地面、地下、空中、水下或机动装置上发射出去，是赢得未来战争的战略性武器。

面对复杂多变的国际形势，毛泽东等中央领导人此时已经下定决心，尽快研制出后来被称为"两弹"的导弹和原子弹。

不过，这个计划一直在秘密进行，除了中央的几位最高领导人之外，谁也不知道。这个高度机密的项目不但对外保密，国内无数正在执行任务的工作人员也被蒙在鼓里，他们不知道将往何处去，更不

额济纳旗酒泉基地图片

知道自己要做什么。

列车终于到了目的地，是一望无际的沙漠。

望着茫茫戈壁与漫天风沙，这 10 万官兵不知道自己身处何方。他们只知道自己的任务是在这荒蛮的沙漠上修铁路、机场，至于其他则一无所知。

在西北的茫茫戈壁，十多万工程部队和科研人员乘坐各种交通工具抵达，任务便是以最快的速度修建"两弹"研制基地和靶场。在他们当中，百分之九十以上的人还不到 35 岁，铺设铁轨、打桩建基，无人区恶劣的气候和地质条件让施工难度远远超出了人们的想象。

直到两年后，他们才知道这是在内蒙古北部一个叫额济纳旗的地方，他们正在建设的是中国的首个导弹试验场。中国第一个导弹研制基地，代号"20基地"，距离此处最近的人烟之地是3个半小时车程的甘肃酒泉，正因如此，当年的"20基地"至今都被习惯性地称为"酒泉基地"。

在额济纳旗这片土地上，居住着一支土尔扈特部蒙古族人。他们从遥远的伏尔加河畔东归而来，非常珍惜祖国给予的安身之所，希望在这里世代繁衍，永享太平。

但是，当得知国家要在这片土地上建设国防基地时，土尔扈特部同胞又开始了一次悲壮而伟大的迁移，他们依依不舍地告别祖先留下的家园，向北迁移140公里，走向更加荒凉的戈壁滩。为了建设强大的国防，额济纳旗的牧民们在用自己的行动，心甘情愿、默默支持着祖国的航天事业。当时他们并不知道，自己告别的这片故土，今后将是世界第三大卫星与载人航天发射场——酒泉航天发射中心，是中国航天的起飞之地。

距离额济纳旗千里之外的北京，一个专门负责研制导弹的机构——国防部第五研究院，也刚刚完成了一项特殊而重要的工程——搜集人才和知识。

1956年6月2日，一场气氛异常的会议在军委办公厅会议室召开。

与会的有习仲勋、范长江、陈赓、黄敬、张劲夫、蒋南翔等，国务院各部委领导以及几位大学校长共33人。

此次会议的主题是：请各单位支持中国发展尖端武器的计划，为国防部五院提供人才。也就是说，聂荣臻帮着钱学森抢人来了。

原来，白手起家的国防部五院，首先急缺的就是人才，没有人，什么都做不起来。钱学森早在给周恩来的《建立我国国防航空工业意见书》中就开列了一个长长的清单，他要人，要专家，要领军人。光可以调来做高级技术工作的专家，钱学森就列出了21人，其中就包括任新民、罗沛霖、梁守槃、屠守锷、胡海昌、庄逢甘、罗时钧等人。

然而谁也没想到，这些人钱学森一个都没有要到。

这个名单上的人，几乎都是各大院校、各部委的"心尖肉"。新中国成立伊始，各单位的机构也刚刚成立配套，都想发展壮大，谁也舍不得放人。

不得已，聂荣臻只好把各位领导请到了军委办公厅，然而不管聂荣臻怎么劝说，大家还是不肯放人。

陈赓看了看坐在一旁一言不发的钱学森，作为导弹事业的发起人之一，陈赓大将深知尖端武器在国防中所占的分量。这位豪爽的军人第一个站起来表态："我陈赓就管着哈尔滨那个学院，我表个态，哈军工准备抽出6个教授支持航委，要哪个给哪个！"

会场响起一片窃窃私语。

"搞尖端武器的重要性我们知道，可是，每年只分来几个大学生，我们恨不得1个当3个用。老科学家是我们的老母鸡，大学生是新母鸡，我还指望他们给我下蛋呢"，有人说。

陈赓知道大家动摇了，只是还下不了决心。这位哈军工的创办人又说："聂总，选调技术干部这事，我想了，哈军工准备再增加3人或4人。至于大学生，再过一年半，我们第一期学员毕业后，可以再向国防部五院输送足够的新生力量。"

一下子调出 10 名教授、副教授，对于一个学院来说可不是小数目。要知道，哈军工可是在中国教育史上第一次设立了海军、空军、装甲兵、炮兵、工程兵等 5 个工程系，前 3 个系在我国填补了学科空白。哈军工由此而名声大噪。

与会的领导们被陈赓的大度所打动，也从陈赓的支持力度中，明白了中国导弹事业的重要性，开始一一表态，支持调人。

散会时，钱学森带着感激的眼神看着陈赓，稍稍用力地握了握他的手。他在用这种最简单直接的方式，表达对这位军人最高的谢意。

钱学森的感激不是没有理由的，我国开展导弹研究初期的基本状况可以说一穷二白，人员不懂技术，图书资料缺乏，仪器设备全没有，一切都得从零做起。没有人，导弹的研制无从开始。

此后，钱学森曾再次向聂荣臻递送报告，要求从有关单位抽调 73 名中层技术干部，涉及 28 个专业。到 1956 年 10 月国防部五院成立，从全国各大专院校选调的优秀应届毕业生全部报到，连同此期间从全国各单位抽

王春河（中国航天科技集团公司原企业文化部部长）：

（当时大家都表示）现在这哪有人，我们这些人顶用的都是老母鸡，1 个恨不得顶 3 个用，你说我把老母鸡送给你，我这儿没人下蛋了怎么办，都这种话。陈赓这样一带动呢，聂荣臻说还是陈赓，你看，你们得向陈赓学习啊，完了连开玩笑大家才答应，我们回去商量商量赶快送人。

于景元（原航天701所副所长）：

我当时也就是20多岁小青年，什么导弹，不懂，看都没看到过。可以这样说，当时真正知道导弹的，而且懂得导弹的恐怕也就是钱学森，他懂。

调来的技术、业务骨干，国防部五院聚集了一大批精英。他们之中有学数学、无线电、机械制造、通信、内燃机、外语等各种专业的。

当这批精英们了解到工作性质时，他们惊讶地发现，自己对即将从事的导弹事业竟一无所知，别说导弹的基本概念，就连导弹长什么模样都不知道。

所有人中，只有钱学森在美国从事过导弹研究工作。

身为国防部五院的院长，钱学森发现自己不得不充当教员，负责给大家扫盲。

好在教员的工作难不倒他，毕竟归国前，他曾在加州理工学院执教多年。

"过去我为美国喷气技术训练班的学生讲了近十年课，那是培养他们的人才，现在培养的是祖国自己的人才。我现在所做的工作就是希望能重振中华民族的国威、军威"，钱学森说。

时隔多年，从部队调到国防部五院的李文梓、李伟还清楚记得钱学森给大家讲课时的情景——上穿蓝布棉袄，下穿蓝色大棉裤，脚踩棉鞋，头上戴着一顶可以遮住耳朵的棉帽子。作为世界著名的火箭和导弹专家，钱

$$\eta = 10^7 \lambda 266.93 \frac{\sqrt{MT}}{D^2 \Omega^{(2,2)}(T/\Omega_i)}$$

$\Omega_i = $ 分子相互作用特征温度

钱学森兼任中国科技大学近代力学系主任时，给学生讲解分子间的相互作用力

学森肩上担负着为中国造出第一枚导弹的重任，但他将要率领的队伍，却是一批刚刚走出校园的大学生。这些被聂荣臻称为"中国导弹元勋"的年轻科研人员，此时却连一枚真正的导弹都没有见过。

为此，钱学森还亲笔撰写了中国第一本导弹教材——《导弹概论》。《导弹概论》在中国航天的起步阶段起到了十分重要的引路作用，启蒙了第一代从事导弹和火箭研制工作的中国人，成为中国航天的奠基之作。

钱学森告诉人们，研制导弹绝对不是靠

戚发轫（"神舟"载人飞船首任总设计师）：

当时谁也没见过导弹什么样子，包括从国外回来的那些老专家，以及我们新来的大学生，所以第一课就是钱学森给我们上《导弹概论》的课。我们当然很幸运了，我们想这么大的一个科学家，怎么给我们这些人上《导弹概论》呢？

51

戚发轫：

那时候钱学森讲了一句话，我记忆很深。他说，搞导弹不是靠一两个科学家，要靠有理论基础的又有实践的大的年轻的队伍，所以我来给你们上这个课。

张文台（中国人民解放军原总后勤部政委、中国航天系统科学与工程研究院总顾问）：

后来实际上我们航天奠基人就从他这个班里出来的。建设航天强国，他们就是脊梁，他们这些人都是钱学森的学生。

一两个科学家可以完成的，这是一个复杂而巨大的系统工程。钱学森不仅自己带头讲课，还请其他相关的专家教授一齐上阵参加"导弹扫盲"。他请梁守槃讲授"火箭发动机"，庄逢甘讲授"空气动力学"，史超礼讲授"航空概论"，朱正讲授"制导理论"等。

在国防五院最早建立的一批研究室中，率先成立的便是"导弹总设计师室"，这也是后来钱学森始终强调其极端重要性的总体设计部。正是钱学森在那个年代所付出的心血和智慧，勾勒出中国国防和航天发展最初的组织架构和系统轮廓。

就这样，从钱学森的"导弹扫盲班"里走出了一大批中国航天事业的业务骨干，很多人日后成为各种导弹、火箭、卫星、飞船

钱学森（右二）观摩并指导学生们的实验课

等型号的总设计师和总指挥，成为中国科学院院士或中国工程院院士。

人有了，国防部五院也组建起来了，可导弹的研制到底从哪里开始呢？在国防部五院刚成立之时，聂荣臻曾问钱学森，如果没有国外的支持，光靠自己的力量，需要多长时间才能拿出中国的导弹。钱学森思考了好一阵，回答说至少需要七八年，甚至更长时间，而且还只能达到初级的水平。

两人一起陷入了沉默，谁敢保证敌对势力能给新中国七八年的和平时间？

事情却意外出现了转机。

1956年年底，刚上台不久的赫鲁晓夫迫切需要中国的支持，他希望毛泽东能亲自出席在莫斯科举行的世界共产党和工人党会议。毛泽东提出，只有苏联答应在尖端技术方面援助中国，他才同意前往。面临着内忧外患的赫鲁晓夫经过权衡，同意向中国提供不同类型的导弹样品和有关技术资料，并派遣技术专家前往中国帮助开展导弹仿制。同时，苏联政府还承诺向中国提供两发P-1导弹实物供仿制使用。这种导弹是苏联仿制德国二战时期使用的V2火箭，V2火箭是世界上最早投入实战的火箭武器，其射程只有300公里。钱学森决定，将这两枚P-1导弹作为供拆解的教学弹，让人们对这种武器建立直观认识。

导弹运到了，可是存放在哪里？如果露天放着，万一敌人从空中侦察到，最高国家机密将被泄露。德国的V-1火箭基地就曾经被英国轰炸机炸毁，研制人员不得不转移，研制工作只能重新开始。

孙家栋（时任国防部五院型号总体设计师、"两弹一星"功勋奖章获得者）：

钱学森同志非常坚持一定要成立总体部，总体部就是大型工程的顶层设计。只有这样，自己的队伍培养起来了，通过仿制，有了经验了，这时候才能独立自主地开始研制。

但是导弹的体积庞大，国防部五院并没有这么大的研究室。当时国防部五院连开个大型的教学班，都得去借礼堂，总不能研制导弹也去借吧。重新搭建一个研究室也来不及，既费时又费力。有人提议，在导弹四周搭个大席棚，把导弹遮起来，这样省钱省时，还神不知鬼不觉。这个简陋的方法不但没有任何人嘲笑，反而得到大家的一致认可。因为困难和简陋，从第一天起就一直伴随着当时的导弹研制工作。

席棚搭好了，可大家看着这个庞然大物又迷茫了，苏联提供了导弹，但并没有提供图纸。没有图纸，仿制工作就只能是盲人摸象。

钱学森提出，将一枚解剖弹用于教学，讲课、观摩就在席棚下进行；将另一枚导弹搬进简易仓库，用于开展"反设计"。

什么是反设计？钱学森向大家解释，由于没有导弹的图纸和资料，所以第一步就是按专业组把弹体、发动机，直到每一个螺丝钉、垫圈，都小心地拆下来，仔细研究做好记号后再分别去测量，最后动手绘制图纸。大家这才明白，原来"反设计"的目的是摸清导弹的结构和材料、零件的尺寸及使用性能，这样就能为下一步仿制工作做好准备。

但是，"反设计"也不是一件容易的事情。

第一步要拆卸，十分简陋的仓库里只有两个三叉架和一根横梁以及一副手动的起吊用具，凭借这些原始设备，大家小心翼翼地按照拟定的程序，把每个零组部件编号、造册，然后一一拆卸，分门别类地摆放好。

第二步是对照实物进行测绘、测量，并通电检测、试验，还要化验、分析材料的成分、规格和性能。

第三步是对导弹全貌、分系统及主要部件、组件有了清晰的认识后，"照葫芦画瓢"，按照自己画的图纸，再把"大卸八块"的导弹恢复原样。

这是一场智力的消耗战，在没有图纸、甚至连零部件名称都不知道的情况下，要记住它们原来的位置和各自之间的联系。

这又是一项非常细致的工作，既不能搞错又不能搞乱，来不得一点差错，就连一颗螺丝钉也不能走样。

让谁来拆卸导弹呢？人多了会搞乱，人少了又太慢。拆卸过程中还需要对导弹的总体结构、设计原理、每一个部分使用的材料等，

孙家栋：

（有了导弹以后）钱学森同志就要求设计队伍，根据生产图纸反设计，就是假设没有这个东西，我们要设计这样一个产品，我们怎么样一步一步设计。就要和他的东西来对照，用我们的想法设计出来的跟他是不是一个样，他为什么设计出来是那样，我们设计出来有跟他们相同的，有不相同的，一定要把这个问题整清楚。

55

陶家渠（时任国防部第五研究院钱学森院长学术秘书）：

当时没有任何资料，苏联给我们东西呢，我们想应该好好地去琢磨一下。他们到底怎么把这部分设计出来的，那部分又怎么设计出来的，整个怎么弄在一块儿，变成一个导弹了？

有基本的了解，画出让工厂能生产的图纸，因此拆弹工作并不是一般人可以做的。

钱学森看来看去，选中了来自沈阳兵工厂、研制火箭弹的工程师谢光选和搞过飞机发动机设计的梁守槃，这是他们有生以来第一次联手解剖外国人研制的导弹，第一次摆弄杀伤性巨大的武器。

谢光选又从空军请了两个机械师，他们把 P-1 导弹拆成大的部件，如发动机、伺服机构、惯性器件，还有电子器件等，分别送到各相关研究室，由各专业技术人员进一步分解、测绘和复原。

白天，他们在闷热的仓库围着导弹敲打扭旋，干的既是体力活，又是脑力活，身心一起动，不敢有丝毫放松；晚上，他们把一个个卸下的零部件在灯下铺开，逐个研究，记在小本上。几天下来，导弹卸完了，他们几个人像得了一场大病，蒙头睡了两天两夜。

在导弹总设计师室主任任新民的精心组织下，拆卸工作用了 10 天，测绘工作用了半年，尔后又用 10 天时间把导弹完完整整地装回原来的样子。经过仔细检查，安装好的零部件一个不缺，螺钉、螺帽也一个不少，除了多出 4 个垫圈和一根 2 米多长的细空气导管因调整形状时断裂外，其他零部件"毫发未损"。国防部五院的技术人员还很快画出了一部分导弹的图纸资料，反设计练兵工作初见成效。

但对钱学森而言，这种导弹在技术上早已大大落后，中国人的第一枚导弹必须具备更高的起点。

1957 年 9 月，国务院副总理聂荣臻带团访问苏联，钱学森也随团前往。他为此次中苏谈判进行了充分准备，此行的目的只有一个——在国防尖端技术领域和苏联实现合作。作为当时唯一拥有导弹的社会主义国家，苏联的支持无疑将大大加快中国导弹研制的速度。经过长达 35 天的商谈，苏联政府同意向中国提供帮助。10 月 15 日，中苏两国在莫斯科签订了著名的《国防新技术协定》。

钱学森（右一）与陈一民（右二）、徐昌裕（右三）、屠守锷（右四）等人合影

就在这份协议签字15天后，毛泽东率领中国政府代表团出访苏联，抵达莫斯科。为了庆祝"十月革命"胜利40周年，盛大的阅兵式在红场举行。苏联向全世界展示其拥有的最先进的武器，当导弹方阵威风凛凛地驶过广场时，对于毛泽东和新中国的将帅们来说，中国何时才能拥有自己的导弹此时依然是个未知数。

在莫斯科，毛泽东专门接见了在苏联留学的中国青年们。

毛泽东发表了一段著名的讲话："我认为现在的国际形势，到了一个新的转折点。中国有一句成语，'不是东风压倒西风，就是西风压倒东风'。我认为目前形势的特点，是东风压倒西风。"

此后，中央军委就把刚刚起步研制的第一枚地地导弹，命名为"东风"。

就在毛泽东回到北京后不久，根据中苏协议，两枚P-2导弹秘密运抵北京。苏军一个缩编导弹营102人也同车抵达。

和一年前的P-1导弹相比，P-2导弹更长、更重，射程达到600公里，弹头可安装炸药1.5吨。用苏联专家的话说，这两枚导弹只要加注推进剂就可以起飞。中国人自己制造的第一枚导弹，便是以 P-2 为母版。为了保密需要，仿制型号定为"1059"，这一代码的含义便是要在 1959 年 10 月，新中国成立 10 周年之际完成仿制工作。

随着"1059"工程的启动，设计人员不分白天黑夜地工作。由于有了之前的"反设计"研究，翻译苏联图纸的工作顺利完成。有了图纸，仿制"1059"导弹的工作终于可以开始，可仿制并不简单。刚刚迈步，设计单位和仿制工厂就遇到了四大"拦路虎"，真正的导弹零部件制造，却动员了大半个国家的工业力量。

第一是苏联提供的图纸资料不全，尤其是地面设备和整机所属的二次协作件的资料短缺很多。任新民去找苏联专家，苏联专家却说等你们把发动机生产出来了，到我们苏联去试车。

第二是仿制用的很多原材料缺乏，元器件品种规格不全。如冷轧薄钢板、2 米以上宽度的铝合金板材、无缝不锈钢管以及一些橡胶件等，尤其是发动机需要的几百种不同品种和规格的原材料，技术要求高，国内又

西风。

那一年刚刚进入国防部五院的赵梦熊（原航天 701 所副所长、航天系统科学与工程研究院研究员）对这两枚神秘导弹的交付场景记忆犹新：

（导弹）接收的时候，全城是戒严的，连五院的人都不能出宿舍的门，因为这是绝密的。整个卢沟桥沿路都戒严，老百姓不能出来。我们去接，开着专门拉货的车。

1960年9月10日，使用国产燃料的苏制 P-2 近程地地导弹起飞

没有可以代用的材料。

第三是缺少生产设备和试验设施。导弹总装厂211厂原是一个飞机修理试制厂，以铆接装配工艺为主，而"1059"仿制生产以焊接为主，工厂既缺少各种焊接设备，也缺少生产大型钣金零件、大型模具、装配夹具、型架所需的大吨位水压机、大型车床、精密机床等。研制人员曾先后到哈尔滨锅炉厂和武汉锅炉厂作实地调查，也没有找到所需的加工大型钣金件成型的设备。

第四是工厂技术、管理力量薄弱。211厂不仅焊工数量少，而且工种也不全，不能满足"1059"导弹大部段焊接的需要。在制造大型、精密的工装设备和零组件方面，工厂技术力量薄弱，设备也不齐全。

这四大"老虎"，无论哪一个不解决，都将使我国的第一枚仿制导弹夭折。而这四只"老虎"，没有一只光靠国防部五院能独立解决。

1949年新中国成立的时候，毛泽东曾这样感慨道：我们国家一辆汽车、一架飞机、一辆坦克和一辆拖拉机都不能造。

随着第一个五年计划超额完成，中国初

步建立起了自己的工业制造体系，第一辆汽车、第一架飞机纷纷被制造出来。但要制造一枚导弹，却考验着一个国家尖端制造实力和现代科技水平，这是一场真正意义上的大会战。

关键时刻，国防科委调动全国有关工业部门参加大会战，支持国防部五院的仿制任务，全国直接、间接参加会战的单位多达1400多个，遍及30多个省市，主要承制工厂有60多个，涉及航空、电子、兵器、冶金、化工、建材和轻工等众多领域。

原材料和工业技术的问题，有全国支持，但内部管理问题却只能靠自己解决。为了仿制这枚导弹，需要协调的事情非常多，但刚成立的国防部五院的管理却显得捉襟见肘。当时整个国防部五院安装的电话特别少，只有所长才有一个电话，连室主任都没有。如此一来，只要遇到技术问题需要协调时，科研人员们只能骑着自行车到处找人，既浪费时间，又非常麻烦。

一院科技部姜延斌部长向钱学森建议，可以学学河南农村"骡马大会"。在农村的6月，一般都会举办一场大型的牲畜交易大

于景元：

当时我们的工业大概只能造拖拉机、解放牌汽车。在这样一种情况下，把中国导弹搞出来，国外都认为是奇迹。

会，附近的农民们会把所有的骡、马、驴等大型牲口赶到一个集会上，方便交易。

钱学森听完后眼前一亮，决定照办。从这以后，只要到了重要的工作节点，所有科研和工作人员们都将集中到一起，集体办公。集中到一起后，没事的人员可以看报，也可以睡觉，但必须随时听候召唤，一旦有事需要商量，必须随叫随到。

就这样，中国最顶尖的科研项目，通过这种古老而原始的方法，将工作人员们集中在一起，解决了协调管理问题，有效地提高了工作效率。

1959 年 10 月 1 日，赫鲁晓夫再次访华，参加中华人民共和国成立 10 周年庆典。但欢庆的人们很难察觉到，此时的中苏两国关系已经出现了裂缝。

1960 年 7 月 16 日，苏联政府突然照会中国政府，决定撤走全部在华的苏联专家。苏方以毫无商量余地的态度，在一个月的极短时间内，撤走了援华的 1390 名苏联专家，与导弹相关的所有合作也全部中止，撕毁了两国政府签署的 12 个协定，废除了 200 多个科技合作项目。到 8 月 12 日，在国防部五院的苏联专家也全部撤走。尽管苏联政府有着严格限制，要求在华技术人员必须在核心技术领域守口如瓶，但在"1059"导弹仿制过程中，苏联专家的确提供了无私的指导和帮助，希望中国同行能尽快掌握导弹制造技术。

但随着莫斯科一声令下，此前热热闹闹的建设工地，一夜之间变成了一个惨不忍睹的"烂摊子"。正在进行的试验被迫中断，主要图纸全被带走，仪器设备被弃荒野，导弹研制工作瞬间陷入停滞。

怎么办？

这时代号为"1059"的仿制 P-2 导弹的工作已进入倒计时阶段，苏联专家一走，还能不能进行下去？

在中南海的毛泽东提出了自己的看法："我们可以自己试一试，这对我们也是个锻炼。"

这一想法与国防部五院的决定不谋而合。

早在 1960 年 3 月，国防部五院就决定抽一部分力量转到自行设计上来，苏联专家一走，不过是把国防部五院的计划提前实施而已。

陶家渠：

苏联专家撤走对我们的困难是什么呢？很多零件，生产中间的零件断了，很多应该给我们的东西不给我们了。

63

为了给大家打气，聂荣臻召集钱学森、梁守槃、任新民等几位专家，开了一个小会。聂荣臻告诉大家：党和国家相信我们自己的科学家，相信你们会成功的。

在最艰难的时刻，国防部第五研究院始终持守的"自力更生"信念，成为中国第一代航天人克服困难继续走下去的精神动力。

聂荣臻给大家打气是有底气的，在苏联专家撤走后，他和钱学森曾反复商谈，盘点国防部五院的"家底"。二人盘算下来，从1956年创业到1960年苏联撤援，国防部五院不再是"两袖清风"，而是已经有了两大块积蓄。

第一块积蓄是机构、设施有了，当年钱学森给周恩来写的建议书里，所提到的导弹工业的领导机构、科研机构、设计单位、生产工厂、试验单位全部都有了雏形。

第二块积蓄是队伍有了。一批批梦想中华民族崛起的科技精英，包括一大批"海归"，全汇聚到了国防部五院，仅钱学森"钦点"的就有上百人。光1960年，国家就给国防部五院调来了4000名大专业、2000名中技生和4700名复员兵。

有了这些家底，钱学森和聂荣臻都明白，离开苏联专家，中国人研制导弹的步伐决不会停下来。

正是这一年，在上海郊外的一处试验场，中国自行研制的第一枚 T-7M 探空火箭点火起飞。在研制导弹的同时，钱学森始终关注和指导着探空火箭的研制。他陪同聂荣臻专门来到上海，在一处碉堡内检查探空火箭的发动机试车。正是在这样的简陋条件下，中国人自己研制的火箭升空了。

虽然这枚探空火箭只飞行了 8 公里，但是却为正处在十字路口的中国导弹研究工作增添了信心，积累了经验。

1960 年 10 月 24 日凌晨 4 点 40 分，装载着导弹、地面测试设备和参试人员的由 18 节特种车厢组成的专列一声鸣笛，由北京启程向发射场驶去。列车所经之处的铁路两旁早有解放军和民兵组成双层警戒线。经过 3 天的昼夜兼程，10 月 27 日 13 点 20 分，专列抵达发射场。在这里，人们第一次看到自己制作的导弹垂直吊起，进入临战状态。

1960 年 11 月 5 日，聂荣臻来到现场观看，钱学森在发射场直接组织了这次导弹发

1960 年 5 月 28 日，毛泽东在上海的新技术展览室里，视察了 T-7M 火箭展品。李颐黎（时任七机部八院运载火箭研究室轨道组组长）回忆道：

毛主席仔细看了这个说明，然后说，听说这是由你们平均年龄不到 25 岁的人搞出来的呢，就是大加赞赏，并且问当时一个讲解员，说你这个能飞多高？讲解员说，能飞 8 公里。然后毛主席就意味深长地说，8 公里那也了不起，应该 8 公里、20 公里、200 公里地搞上去。

"东风一号"导弹整装待发

射工作。

很多人并不知道，当时"1059"导弹剪彩仪式实际上是在发射成功之后，根据聂荣臻的提议补拍的。在此之前，对于"1059"导弹能否真正成功，每个人都承担了巨大的压力。"1059"导弹飞行的动力是液体推进剂，但中国自己生产的液氧推进剂一度被苏联专家认为含有可燃物质较多，酒精纯度也不够，使用中可能会引发爆炸，根本不能使用，只能倒掉。中国要发射导弹，只能进口苏联燃料。

没有推进剂，导弹就成了一堆废铁，梁守槃和科研小组为此还是投入了海量的分析和计算，最终证明了苏联专家的计算方式存在严重误差。1960年的9月10日，苏联送来的P-2导弹使用国产燃料发射成功，见证了梁守槃的坚持。发射的"1059"导弹，正是注入了我们自己的国产燃料。

1960年11月5日上午9时2分28秒，发射指挥员下达了"点火"口令，仿制导弹在惊天动地的轰鸣声中刺向蓝天，向着预定的目标飞去。

9时10分5秒，弹头精确命中距离发射台550公里的目标区域。

1960 年 11 月，"东风一号"导弹进入发射厂房作吊装实验

"东风一号"导弹进入放射场测试厂房

消息传来，军帽、毛巾、手绢等被纷纷抛向天空，现场一片欢腾，掌声、欢呼声连成一片。

这一天，是苏联专家撤走后的第 83 天。

半个月后，这枚发射成功的"1059"仿制导弹被正式命名为"东风一号"，不过航天人总是习惯地称之为"争气弹"。它所飞行的 550 公里，标志着中国从此迈入了火箭与导弹的时代。

仿制导弹的研发过程尽管一波三折，最终还是大获成功。但此时的国际形势急需中国拥有自己的导弹，中国必须快速突破从仿制到自主研制这一关。

然而就在这时，一场始料未及的失败，却突然降临在酒泉导弹试验基地，中国人还能造出完全属于中国自己的导弹的吗？如果能，时间将是多久？所有问题，都在考验着航天人……

第四章
中国导弹威震四方

2015年9月3日，纪念中国人民抗日战争暨世界反法西斯战争胜利70周年阅兵式举行，当气势磅礴的"东风"型号导弹方队驶过天安门时，这支中国与世界的"和平盾牌"已经走过55年的历史。回到最初的起点，它历经不为人知的征程每一次成功的背后却是无数次失败和泪水。这是一段关于爱和牺牲的记忆，更是用心血与生命铸就的传奇。

经历过三年自然灾害，面临过苏联专家突然撤援的困局，在重重困难之下，中国的第一枚仿制导弹——"1059"导弹，也就是"东风一号"——依然顺利被仿制出来，但中国人的脚步不能仅仅停留在仿制阶段。

这时，中国航天人已经放弃了扶着"苏联老大哥"肩膀登天的想法，决定走一条艰难的自力更生的道路。聂荣臻代表中央提出了新的任务，独立研制设计，搞出射程更远的导弹。

在苏联专家撤援之后，我国明白一切都得靠自己，自主设计才是将来的发展之路。但自行设计谈何容易？是迈大步还是迈小步，最初有两种意见：一种主张跨大步，直接搞中程导弹；另一种主张第一步迈小一点，先搞中近程导弹。围绕这个问题，整个国防部五院展开了激烈的讨论。

作为技术总负责人的钱学森，经历过"大跃进"的冲击和仿制"1059"的实践，他的心态冷静而平和。钱学森说，自行设计与仿制完全不同，技术问题更多，而且每一层都需要自己来解决，步子跨得太大，欲速则不达。

聂荣臻则提出：要先学会走路，然后再跑步。最后，国防部五院确定，在缺乏独立研制经验、研制条件还不完全具备的条件下，"迈小步"比较现实，应充分利用"1059"导弹的仿制成果，尽快研制出射程达到1200公里左右的中近程导弹，以积累自行设计的经验。

国防部第五研究院决定，充分利用"1059"导弹的仿制成果，尽快自行研制中近程导弹"东风二号"。它的设计方案是在"东风一号"的基础上，射程扩大一倍的中近程地对地导弹。作为技术总负责人的钱学森告诉导弹研制人员："仿制和自行设计是决然不同的。仿制时人家主要问题已经给你解决了，你就是按规矩办事，自行设计就不同了，出现的问题多，每一个问题都需要自己来解决。"

然而"东风二号"的命运，却没有一号那么幸运。

问题很快便出现了，1960 年和 1961 年，严重的粮食短缺问题波及全国方方面面，人民的副食品供应几乎中断。那一年，毛泽东给自己下令不再吃肉，周恩来戒了茶，邓小平戒了烟。营养不良也侵袭着参加导弹建设的科研人员和基地参试部队。

有的科研人员吃不饱，就冲一碗酱油汤，喝一点黄糖水，有条件的还会含一颗蜜枣。在当时，蜜枣已是特别珍贵的食物，人们舍不得吃，就像宝贝一样含着。物资的极度匮乏，营养不良、体质虚弱严重威胁着导弹研制人员，饥饿使很多人难以支撑正常的工作和生活，很多人得了浮肿病，"上楼两手扶栏杆，厕所蹲坑两眼冒金星"就是当时的真实写照。

这个消息，很快从戈壁滩传到了中南海。

在得知消息的第二天，周恩来在中央军

陶家渠：

聂荣臻副总理呢，急了，批评我们这个研究院：这些人出了健康的问题，你们要负责任。

为了解决粮食短缺，当时采取各种办法。赵梦熊：

叫部队呢，在内蒙古那儿打黄羊，是野生的羊，不是家中养的羊，打来以后呢，批给国防部第五研究院，说让科技人员吃，行政工作人员不让吃。

委会上与大家一照面，就心情沉重地说："让导弹科研人员挨饿，我这个总理对不起大家。我希望各单位再把腰带勒紧一些去支援他们！"为了保证一线科研人员能够吃饱，聂荣臻以个人名义给各个军区打电话，要求他们以"募捐"的名义节省出一批副食品支援"两弹"的研制，得到了全国全军的热烈响应。"科技粮"和"科技肉"成了那个时代特有的名词。

一个月后，各大军区从自己的口粮里挤出来的"精品"——舟山的带鱼、四川的大米、东北的大豆、山东的大枣、内蒙古的黄羊等全国各地的食物被塞满列车，风尘仆仆地运至国防部五院和酒泉导弹试验基地。

1962年春节，周恩来、陈毅代表国务院在人民大会堂请1000多名科研专家吃饭，坐在周恩来身边的分别是负责导弹研制工作的钱学森和负责原子弹研制的钱三强。正是以这样的方式，中央领导人以最大的努力为研制国防尖端技术的优秀儿女们补充营养。

在那段匮乏岁月的忍耐和希望中，这些关心和爱护始终鼓舞着国防部五院坚持导弹攻关的精神斗志。

虽然粮食问题得到了解决，但是面对耗

费巨大资源的尖端工程，国内出现了一场"尖端是否应该下马"的争论。

1961 年夏天，党内有关导弹、原子弹是"下马"还是"上马"的争论闹得沸沸扬扬。"下马"方认为，没有了苏联的援助，仅靠自己的力量难以完成技术难度很大的"两弹"，不如把钱用在经济建设上；"上马"方认为，拥有一批爱国的科学家，这是成功研制"两弹"的最重要的基础，且已经具备了一定技术基础，不能放弃。在北戴河召开的国防工业委员会工作会议上，两种意见针锋相对，互不相让，有时吵得脸红脖子粗，甚至拍响了桌子。这场讨论很快进入了中央最高决策层。

1961 年夏天，毛泽东从北戴河打电话给聂荣臻，要求他对此问题进行论证，以凭决策。很快聂荣臻便向中央呈送了《导弹、原子弹应坚持攻关的报告》，为此，聂荣臻亲自赶到北戴河，三次到会场上强调：尖端不能停。

聂荣臻坚决支持"上马"，他认为"逆水行舟，不进则退"。聂荣臻在给中央的报告中，多次表示：要"变压力为动力""变气愤为发愤""集中全国力量，立足国内，突破两弹技术"。钱学森也是坚定的"上马派"，

赵梦熊：

（大家的）干劲还是很足，为了我们的国防事业，天天加班，天天晚上搞得很晚，礼拜六、礼拜天也干。

陶家渠：

（那时候）晚上十点钟，大楼里边没有一个地方熄灯的，都看到十点钟以后，那是统一要关灯了，铃一响，才走出实验室。

他默默地在技术上支撑着聂荣臻的"上马"决策和信心。

最终，毛泽东下定决心，对尖端武器的研制工作仍应抓紧进行，不能放松或下马。在聂荣臻支持下，"东风二号"的研制工作得以继续。许多年以后，当钱学森听到"两弹一星"工程耗费太多资源的说法时，依然会情绪激动。

钱学森说：当时我一听呢，我就气急了，我马上就憋不住就发言，我说哪有这样的话，我说要没有"两弹卫星"，诸位啊，我们不可能在这儿开会，我们没有这个条件。

几经周折，"东风二号"导弹的研制项目总算保留了下来。面对全国范围内的经济困难，与其他战线基本建设大幅度压缩，在建项目纷纷下马、停建的形势相反，导弹研制基地的建设却是红红火火，日夜兼程。经过几年的艰苦奋战，建成了一批大型厂房、若干高精尖试验室，初步形成了一个较为完整配套的导弹研制基地。邓小平在中央书记处还特意提出，国防部五院的科技人员待遇要高些，工资要高些，生活安排要好些。

为了达到"东风二号"的目标射程，科技人员把发动机和燃料箱加大，导弹弹体也相应变长。但在当时掌握的有限知识和仿制经验上，一些难以察觉的技术隐患也存在于最初的设计方案当中，一场更大的灾难突然降临。

1962年3月21日，"东风二号"导弹开始首次试验。导弹刚发射上空，就摇摇晃晃，头顶冒着白烟，垂直坠毁在距离发射台300米的地方。伴随一声巨响，100多米高的蘑菇云腾空而起，地面被砸出一个深4米、直径22米的焦黑的大坑。

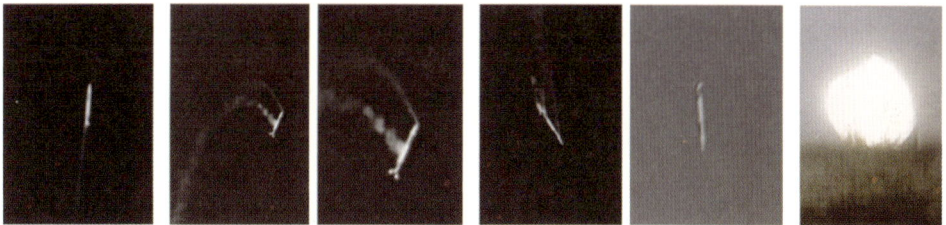

"东风二号"发射失败

整个过程，只有 69 秒。

谁也没有想到，这颗历时两年、集中全国力量研发出来的导弹，竟然第一次发射就失败了。面对突如其来的打击，发射基地的人全呆了，像石鸟一样，木木地望着天。很

咸发轫：

国家花了这么多钱，花了这么多时间，没搞成，哎呀，对不起党，对不起人民，

我们心情一样，本来年轻人就是心里很难受。

石磊：

钱学森赶到现场，他经过找残骸，找分系统的谈话，了解整个失败的过程，联系到他研制的整个过程，他发现了，我们对于研制的复杂性，想得太乐观了。所以从这个时候起，他不凭他一个人的智慧，他发动大家来讨论，每个系统都有什么问题。

钱学森在"东风"基地发射场讲话

多人趴在地上把头埋在沙子里，许久没有抬起头来；更多的人在失声痛哭。

这是中国导弹发射中的第一次失败，是让那一代航天人刻骨铭心的失败。

导弹发射失败第二天，在北京指挥部坐镇的钱学森和王秉璋，带着北京的设计人员，十万火急乘专机赶到发射场。他告诉大家不要害怕失败，失败了总结经验教训，重新再来。

钱学森的话，让大家振作起来，不再沉浸在失败的悲痛中，而是立刻开始进行故障分析。大家像筛沙子一样，把能找到的残骸一一从现场的沙坑里挖出来，大至零部件，小至螺钉、电线，再把这些残骸按照原来的结构部分拼凑起来，摆放在发射场坪上供大家分析研究。钱学森在让科研人员振奋的同时，把压力扛在了自己肩上。

在事故现场工作了 10 天后，钱学森回到了北京，直接向聂荣臻汇报。其实，钱学森并没有像表面上那么轻松。钱学森向聂荣臻提出，自己是技术总负责人，没有干好，对不起国家。

面对方方面面的怀疑，聂荣臻始终信任并保护钱学森，为国防部五院排除干扰和压力。他安慰钱学森：科学试验允许失败，并指示各级领导，不要追查责任，重要的是找出失败的原因，以利再战。对于查出故障原因的人，还要给予奖励。

"我们现在被困难重重包围，一定要杀出一条血路。"这是钱学森对那一次失败的真实心情。

问题到底出在哪？在钱学森的指挥下，各个分系统的负责人纷纷成立了故障分析小组，进行故障分析和故障复现试验工作。为了找到失败的原因，钱学森在干燥、酷热和缺水的戈壁滩上反复考察。

王永志：

钱学森本人压力很大，整个队伍压力都很大，就在导弹掉的那瞬间，很多人都哭了，不只是现场的，包括我们在家的，一听说失败了，那真的非常痛心。

王永志：

聂帅的指示下来了，我们干的是科学实验，科学实验就有两种可能，一个是成功，一个是失败，失败是成功之母。

后来采访钱学森时，他也提到了"神仙会"：

就在我这儿那边那个屋子开会，所有的技术问题就是这样，大家说这个问题怎么解决。要是大家的意见一样的、一致的，那好，那就照大家的意见办；大家的意见不一致，又不需要马上解决，下礼拜还不需要行动，那我说下个礼拜再讨论；要是下个礼拜马上就要解决的，那我说我听了大家的意见跟我自己的认识，认为应该怎么样，由我来定，该怎么样那怎么样，我认为怎么样，下礼拜就按照这个去执行，假设执行了，有问题，那我定的，由我负责。

为了改进"东风二号"的设计，几乎每个星期天，钱学森家里都会召开家庭"神仙会"，召集大家进行故障分析。说是家庭"神仙会"，其实并没有钱学森的家庭成员，而是在他家客厅里召开的各路科研"神仙"的自由论坛会。

20世纪五六十年代，钱学森家的小客厅曾经是大家熟悉的唇枪舌剑的"战场"，很多航天技术专家都很留恋"神仙会"。

这是钱学森在美国和导师冯·卡门一起养成的学术探讨习惯。这种会一次讨论一个专题，先由一个人做主题发言，大约讲半个小时，然后大家展开讨论，最后主持人用一刻钟的时间进行小结：今天讨论明确了什么问题，可以得出哪些结论，结论一、二、三；还有什么问题大家有不同认识，或没有讨论清楚的，也是分为一、二、三等条，这些问题留待下一次讨论。

在中国导弹和航天历史初期，许多重要的发展规划和技术途径，就是在这个小小的客厅里产生了初稿，很多重大技术问题，也正是在这思想的火花碰撞中迎刃而解。

经过近两个月的分析，在长达67页纸的

故障结论报告中，分析得出失败的原因是多方面的。最主要的问题是俗称的"扁担效应"。所谓"扁担效应"，那就是为了满足飞行距离，贮箱要增加推进剂，导弹直径不变而长度加长，这种细长比例引起弹体弹性振动，耦合共振加剧了导弹解体。

在"东风二号"导弹研制过程中，钱学森的"系统工程"思想发挥了统筹全局的作用。他撰写于被美国政府软禁时期的科学著作《工程控制论》阐明了一个非常经典的原理——即使在一些不可靠的零部件中，也可以依靠控制，形成一个可靠的系统。

在"东风二号"首飞失败的经验之上，钱学森进一步强化总体设计部在整个大系统中的作用。几十万个零部件、数十个系统配合甚至各科研单位的协调、供应和协作都井然有序，由此形成了完整、成熟的中国航天工业流程和组织框架。

后来的历史证明，"两弹一星"的巨大成就实践了建立总体设计部是一种非常有效的管理和实施方法。当时的人们并不知道这一在导弹和航天事业中的成功经验，周恩来总理曾经考虑并希望将它推广到国民经济的

薛惠锋：

一次又一次的发射的不顺利，催生了系统工程学科的诞生，也奠定了系统工程中国学派或者叫"钱学森学派"的诞生。

对于"系统工程"钱学森曾具体解释：

就是我们这个队伍要非常严密地组织起来。一个型号开始研制，一开始就要规定，哪一个工程师管什么事，而且有层次的，有总设计师，然后还有分部门的设计师，还有一直到具体一个零件的、具体管这个事的工程师，责任非常之清楚。

薛惠锋：

周恩来总理见钱

学森，希望钱学森把航天成功的经验总结出来，即"一个总体部两条指挥线"，科学技术委员会进行高度的总结和梳理，为国民经济、社会发展的方方面面提供助力的工具。

对王永志的建议，钱学森后来仍记忆犹新：

那个时候年轻的工程师叫王永志，他说我算过了，要打的距离怎么办呢，可以办到的，就是把推进剂这个燃料卸出一部分来。当时别人听了这话都笑他在胡说，怎么少了燃料还会打得远。

王永志：

我就计算完了，就是跟有关的专家一

重大工程建设上去。

正是在这一时期，钱学森主导并建立了超声速风洞、大型火箭发动机试车台、全弹震动试验塔、全弹试车台等许多试验设施。他要求所有的疑点都在地面和实验室里解决，绝不带着疑点上天。

一次失败的发射，却换来了一支更加成熟的航天科研队伍。

1964年6月，重新设计的"东风二号"，先后通过了17项大型地面测试。导弹再次运抵酒泉发射基地，可就在这个时候，一次意外发生了。由于天气炎热，导弹的燃料箱突然无法容纳预定加注的推进剂。没有燃料，导弹就飞不远，试验眼看无法进行，在讨论中，一个年轻科研人员匪夷所思的观点却引起了钱学森的注意。

这个年轻的科研人员叫王永志。他分析，是高温导致燃料密度变化，发动机的节流特性也随之变化。而解决燃料不足的办法却是减少600公斤燃料。在一片质疑和猜测中，钱学森直接下令说王永志的意见正确，按他的办法实施。

这位叫王永志的年轻人，在二十多年后，

钱学森陪同张爱萍视察"东风"基地

成为中国载人航天工程的首任总设计师。

1964年6月29日，"东风二号"导弹成功发射，飞行1000多公里后，准确命中目标。在经历首次失败后，中国人自己设计、自己制造的导弹终告成功。7月9日、7月11日又进行两次发射，均获成功。9月至10月间，又连续进行了5次发射全部告捷。

"东风二号"导弹的发射成功，是中国导弹事业的里程碑，它标志着1957年制订的12年科学规划的提前完成，同时也意味着"八年四弹"规划进入实施阶段。

也正是在这一年，钱学森和国防部第五研究院的科研专家们，开始把目光投向更长

起讨论，完了也向总设计师汇报过，但是他们都觉得不妥，就是本来能量就不够，你怎么还能卸推进剂呢？所以我看没办法，讲不通，当时我自己认为，这也是唯一的解决办法，这办法是可以的，我是学火箭的，相信这个办法是可以的。那怎么办呢，我就鼓足勇气去见发射场技术最高指挥官，找钱老，钱学森。

钱学森听后，给予了极大的肯定，他说：

后来我就想了一想，我说这样是可能的，因为这个计算公式里头考虑到是可能的。我说好极了，你这个建议。

改进后的"东风二号"导弹发射成功

石磊：

"八年四弹"规划是我们中国航天历史上，第一个完整的、基本得以实现的战略发展规划。

远的未来。

在"东风一号"和"东风二号"的基础上，1965 年 3 月，中央专委第 11 次会议，批准了由七机部提出 1965 年至 1972 年《地地导弹发展规划》，简称"八年四弹"规划。"八年四弹"是中国航天事业发展历程中，第一个研制目标明确、发展阶段清晰、时间跨度较长，最终得以全面完成的长远规划，它指明了中国第一代导弹的发展方向。钱学森以战略科学家的眼光和技术科学家的缜密，策划并组织实施了这份规划。

这个规划提出，从 1965 年至 1972 年的 8 年中，我国要研制"东风二号"甲中近程导弹、"东风三号"中程导弹、"东风四号"中远程导弹和"东风五号"洲际导弹共 4 种型号的地地导弹。正是因着这一规划，中国在尖端技术的发展途径上，从"追赶型"转变为"赶超型"。

"八年四弹"的第一仗很快打响。

1963 年 8 月 5 日，美、英、苏联合签署了《禁止大气层、外层空间和水下进行核试验条约》，意在阻止其他国家包括中国研制核武器，从而继续受制于他们的核威慑。一直在侦查并试图摧毁中国核武器研制的美国肯尼迪政府，将中国核试验视为 20 世纪 60 年代最糟糕的事情。

然而，让肯尼迪"失望"的是，中国的核事业不但没有被扼杀在摇篮里，反而迅速发展起来。1964 年，对于中国"两弹"事业而言极为特殊，就在"东风二号"成功发射后，新疆罗布泊的一声巨响引发全世界的震惊。

1964 年 10 月 16 日 15 时，中国第一颗原子弹在罗布泊的

1964 年 10 月 16 日 15 时，我国在新疆罗布泊地区成功进行了首次核试验

一座百米高塔上爆发出惊天动地的巨响，蘑菇云拔地而起，爆炸威力达 2 万吨 TNT 当量以上。

当《人民日报》号外公布"我国第一颗原子弹爆炸成功"的消息之时，气急败坏的美国人却不相信中国的能力。为了弱化中国核爆炸的对外影响，美国国防部长麦克纳马拉宣称：中国在五年内不会有原子弹运载工具，因为没有足够射程的导弹。

此时的美国和苏联都已经研制出射程在 1 万公里以上的洲际导弹。这就意味着，两个超级大国的核导弹可以打到世界上任何一个地方，而中国的原子弹却是悬挂在塔架上爆炸的。

然而，中国尖端技术的发展速度令西方反华势力再度失望，他们绝没有想到，就在中国第一颗原子弹爆炸一年后，"东风二号"甲中近程导弹就试验成功。与此同时，原子弹也成功小型化，为中国的"两弹结合"试验奠定了基础。

历史再一次把"两弹结合"的重任压在了钱学森和国防部第五研究院的肩上。"两弹结合"是一项极为特殊的试验，导弹弹头装载的是核武器，一旦偏离目标、中途坠毁或者现场爆炸，相当于在自己头上爆炸了一颗原子弹。

为此，美国把试验场所放在了海外基地，苏联利用西伯利亚无人的荒原，但对条件有限的中国人来说，"两弹结合"试验不仅只能在本土进行，导弹飞行轨迹还会经过城镇和乡村。稍有闪失，其后果是任何一个人都无法承担的。

1966 年 6 月，周恩来出国访问回国之际，专门前往西北导弹基地视察。对于两弹结合，周恩来明确提出了"严肃认真，周到细致，稳妥可靠，万无一失"的十六字方针，直到今天，这依然是中国航天事业的座右铭。

"东风二号"甲型导弹是承担起运载核弹头的任务型号。每一个参数都必须反复核对与试验。细心的人们发现钱学森开始频繁地穿梭于北京与基地之间。

在"两弹结合"初期，还有一段钱学森当"线人"的鲜为人知的故事。当时，谁也想不到导弹研制队伍遇到的第一个难题，竟然是原子弹的保密问题。"两弹"虽然都是国家机密，但是原子弹的密级更高，两支队伍的保密级别不对等，结果是导弹的情况可以告诉原子弹的研制者，但是原子弹的情况却不能告诉导弹的研制者。由于信息不对称，导弹研制者不要说原子弹实物，就连原子弹设计图纸也没看到，对方只给了一个外形轮廓图。

一段时间，大家议论纷纷，工作几乎停滞。

当时钱学森正在导弹总装厂劳动、蹲点，有一天下午他到一部四室了解情况，研制人员便把"两弹结合"中的困惑向他反映。

钱学森立即到上层"斡旋"，他与搞原子弹核心技术的负责人钱三强都是中央的"宝贝"，两个人私交也很好。他找到钱三强向有关部门汇报，花了很大的心思，开了多次协调会。经过钱学森的一番"活动"后，研制人员发现情况有了很大的改善。很快，经中央批准，两家单位成立了联合工作组，在一定范围内打破保密界限，理顺管理渠道，特批一部分联合工作组同志进入原子弹总装车间。就这样，导弹设计者终于不仅见到了实物，还了解了原子弹的总装过程。

很快，"两弹结合"进入试验阶段。

据聂荣臻办公室"工作记事本"记载：1966 年 10 月 24 日晚上，聂荣臻和周恩来、叶剑英来到钓鱼台国宾馆，向毛泽东做了详细汇报，

"东风二号"甲型导弹

当聂荣臻汇报到"两弹结合"试验准备工作已经就绪时，毛泽东高兴地笑了起来，说："谁说我们中国搞不成导弹核武器呢，现在不是搞出来了吗？"毛泽东批准了这次试验，同意聂荣臻到现场主持试验，并特别关照、安慰道："这次试验可能打胜仗，也可能打败仗，失败了也不要紧。"

1966年9月，导弹和小型的核弹头分别进入发射场。和往常的试验不同，弹头和弹身的结合、导弹燃料加注等工作都具有极高的危险性，稍有失误，后果将不堪设想。紧张的气氛开始弥漫开来。

在千里之外的北京，周恩来在10月初多次召开会议，专题部署两弹结合试验的具体工作，听取"两弹结合"的汇报。会议中，周恩来细心地发现，导弹飞过甘肃省上空时会经过一个叫柳园的村镇，经过数据推算，弹头掉落在柳园的可能性是十万分之六，但是周恩来要求柳园的居民必须疏散。周恩来强调，这类试验美国和苏联都是在海上进行的，而我们是在本土进行，一定不能出乱子。为了确保沿途居民的安全，试验当天，兰新铁路停运，沿途数万居民组织疏散。

钱学森曾经回忆说："那时候不到一个月周总理就要听一次汇报，他听汇报很细致、很耐心。他的记性非常好，你上次汇报的数据如果跟这次不一致，他会立即反提问题。如果有改变，必须要说明改变的原因。周总理夜以继日地工作，还对我说，钱学森你别太累着。周总理比我累得多，还跟我说这些话，我真是感动。"

10月27日清晨，身为元帅的聂荣臻和钱学森一起来到了最前线，主持我国第一次导弹核武器发射试验。发射现场所有人员撤离到安全地带，在距离导弹100米处拱形的地下堡垒成为试验的唯一控制室。7名人员留在这里进行操控。此时的危险程度，每个人心中都十分清楚。在进入这里之前，他们

戚发轫：

怎么保证原子弹和导弹不出事？我们中国没有海军，不能在海上试，只能在咱们中国的国土上试，这是空前的，也是绝后的。你搞好了是成功了，搞不好不等于原子弹撂在这儿了嘛。

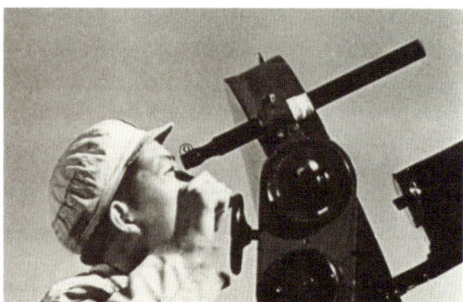

导弹组装过程图

已经在各自事先准备好的遗书上签了字。7位勇士在这一刻，已将自己的生命与共和国的事业紧紧地连在了一起。

临近发射时间，发射基地却突然接到远在新疆的核试验基地的报告：核导弹的预定弹着区3000米高空，出现了一股六七级西南向强风。

这股风会不会使导弹核武器偏离弹着点？按时发射，还是推迟发射？事关重大，聂荣臻立即接通北京的专线电话，向周恩来报告。周恩来果断地回答："一切由你在现场决定。"

此时，离预定的发射时间还有几十分钟，指挥中心的大厅内静得出奇，只有倒计时数的闪光亮点在仪器上不停地闪烁，仿佛在催促聂荣臻早下决心。此时他镇定地与在场的钱学森等专家们紧急磋商，最后结论是影响不大，可以按计划发射。然后，聂荣臻又重新接通了周恩来的电话，陈述了理由，周恩来表示同意。于是，准备发射的指令，从指挥所传向四面八方。

导弹与核弹头对接工作顺利完成，时间正在一分一秒递减。

东方泛白的清晨，发射现场人员逐批撤离后，只留下了镇守在距离核导弹仅100米、距离地面仅6米的发射控制室内的7个人。他们就是发射基地第一试验部政委高震亚、第一试验部参谋长王世成、中队长颜振清、发射控制台操作员佟连捷、控制系统技术助理员张其彬、加注技师刘启泉和操作手徐虹。

惊心动魄的时刻终于来临。

上午9时0分10秒，王世成在狭小的地下控制室沉稳地下达了发射口令，佟连捷按下了发射按钮，我国第一颗装有核弹头的"东风

核弹头爆炸后升起的蘑菇云

二号"甲中近程导弹拔地而起，9分14秒后，核弹头在894公里之外的罗布泊上空爆炸。

成功的喜讯以最快的速度传到中南海，毛泽东兴奋地说："赫鲁晓夫不给我们这些尖端技术，很好，逼得我们自己干出来，我看要给赫鲁晓夫一个一吨重的奖章！"

"两弹结合"试验成功，中国从此拥有了真正的核威慑能力，极大地增强了中国国防实力和战略威慑力，为中国的发展奠定了

核导弹点火瞬间，核导弹飞向预定目标——设在罗布泊弹着区的靶标

"两弹"结合试验成功后，现场科技人员热烈欢呼

和平的国际环境。

在世界"两弹结合"试验的历史上，美国用了 13 年，苏联用了 6 年，而中国只用了 2 年。从此，中国的核导弹终于具备了威慑与实战能力。这一年，中国的战略导弹部队正式组建，周恩来总理将这支部队命名为"第二炮兵"。很多人并不知道，钱学森在 1965 年刚刚回国时，在给解放军高级将领介绍导弹的时候，曾在黑板上写下了"火箭军"三个字。

"有弹无枪"的历史已被终结，下一个任务，就是"东风三号"。

1964 年，"东风三号"开始研制，它是我国第一个真正甩掉"洋拐棍"，完全自行

刘登锐：

当时总参作战部的一个参谋叫李旭阁，他就记着钱学森讲这个课，当时还是黑板，用粉笔写字，钱学森就在黑板上写了个"火箭军"。

张文台：

如果说把解放军比作雄鹰，那么钱学森就给解放军插上了翅膀；把解放军比作雄狮，那么钱学森就给解放军装上了钢牙利齿。

设计研制的中程液体导弹，也是"八年四弹"规划中的第二种导弹。正因为完全自主设计和研发，所以遇到的技术难题格外多。

"东风三号"01批次第一、第二枚遥测弹的飞行试验都出现了弹头落点偏差较大的故障。1967年5月19日，第三枚导弹进入发射程序后很不顺利，先是出现设备故障，导致两次中止发射。后来，又发生了意想不到的事情。

从检查的结果看，故障比较复杂。当时基地的同志从下到上都不同意再进行发射，担心发射时推进剂漏出，不仅会炸毁导弹，还会炸毁发射台和发射场。因而基地要求把该导弹拉回工厂进行全面检查和修复。

5月24日，钱学森到达基地后，立即召开有七机部试验队和基地技术人员参加的联席分析会。在钱学森的坐镇指挥下，问题一一得到了解决。

至于推进剂贮箱的强度问题，钱学森亲自爬上发射架，察看箱体外壳情况。他看后认为壳体的变形并未达到结构损伤的程度，导弹点火前贮箱会充气，箱体就会恢复原来的形状。因此，他认为发射可以照常进行。

按照当时试验的规定，导弹发射必须要有三个人的签名才能"放行"：一个是负责发射工作的作战试验部长，一个是导弹研制部门的负责人，一个是基地司令员。可是作战试验部长不敢贸然行事，基地司令员也很谨慎，虽然他们觉得钱学森讲得有道理，但仍担心出事，两个人都不敢签字。发射不能再拖下去了，钱学森在多次说服无果的情况下，毅然表示：这枚导弹现在的质量可以放心。

"这个名，我来签！"钱学森说。

当只有钱学森一人签名的发射报告呈送给远在北京的聂荣臻后，聂荣臻说："这是一个技术问题。既然技术上由钱学森负责，他说可以发射，我同意。"

1967 年 5 月 26 日，"东风三号"导弹点火后升起，随后弹头落区传来好消息。弹头落点的精度是"东风三号"01 批中最好的，测量弹头参数的硬回收装置也成功回收，获取了全部所需参数，飞行试验取得了完全成功。

1980 年 5 月 3 日，中国第一枚洲际导弹"东风五号"飞行 30 分钟，穿越 6 个时区后，稳稳地到达了万里之外的太平洋，曾经的"八年四弹"目标终告成功。此时的钱学森正平静地坐在北京指挥中心，默默地注视着导弹划过天空。五年归国路，十年两弹成。

今天每当中国的火箭腾空而起的那一瞬间，耀眼光芒的源头，正是钱学森在一片空白中引领中国导弹和火箭事业走过的最初 10 年。

第五章
太空翱翔中国星

2016 年 4 月 24 日，在北京航空航天大学，从事了一辈子航天的老人和即将加入航天队伍的年轻人都早早地赶来齐聚，这是一场特殊的聚会。从这一年开始中国每年的 4 月 24 日都被定为"国家航天日"。在中国航天史上，4 月 24 日是一个特殊的日子。正是 46 年前的这一天，中国第一个航天器"东方红一号"卫星进入太空。

1957 年 10 月 4 日，苏联在拜科努尔航天发射场把历史上第一颗人造卫星送入太空。在美苏争霸冷战时期，苏联抢先一步无疑给美国带来严重的危机感，5 个月后，美国人终于也将人造卫星送上太空，两个超级大国的太空竞赛正式拉开。卫星成为当时全世界最热门的话题。

中国的科学家们也坐不住了，以竺可桢、钱学森、赵九章为代表的科学家们向科学院副院长张劲夫提出，我国也应该开展人造卫星的研制工作，张劲夫把科学家们的建议提交给了周恩来。

这一想法，与中南海不谋而合。

李颐黎：

第一颗人造卫星发射之后，在中国科学和技术界也产生了很强烈的反响。比如当时中国科学院就建了好多观测站，就是观测苏联卫星的这些信号。

"东方红一号"卫星

1958年5月16日的深夜，中南海里的一间办公室的灯还亮着。周恩来在反复踱步，他几次把手伸向办公桌上的一部红色电话机，却又停止了动作。

摆在电话机旁的是一份报告，内容是科学院副院长张劲夫提交的，以竺可桢、钱学森、赵九章为代表的科学家们建议。

周恩来拿起报告，再次仔细审阅。终于，他放下报告，拿起了直通毛泽东办公室的红色电话。在电话里，周恩来说："主席，科学家向我们敲门了。"

此时，已是黎明。

第二天，毛泽东出现在正在召开的中共八大二次会议上，心情极好的毛泽东在大会上郑重地告诉全体代表："我们也要搞人造卫星。"过了一会儿，他还觉得言未尽兴，又说："鸡蛋大的我们不放，要放就放它个两万公斤的！"毛泽东的声音迅速被雷鸣般的掌声淹没。

很快，毛泽东"我们也要搞人造卫星"的号召传遍神州大地。

十多天后，主持国防科技工作的聂荣臻召集中国科学院和国防部第五研究院将人造地球卫星的研制列为 1958 年第一项重点任务，工程代号"581"，由钱学森担任领导小组组长。

人造地球卫星在当时属最前沿的科技领域，刚刚成立不久的新中国此刻连几百公里射程的导弹都尚处在仿制苏联样品阶段，国家科技实力和工业基础并不足以支撑卫星研制。

8 月 15 日，中国科学院第一设计院（代号 1001 设计院）正式成立。力学所副所长郭永怀任设计院院长，力学所塑性力学组副研究员杨南生为设计院副院长，负责落实卫星上天的任务。

第一设计院成立后要做的第一件事就是

李颐黎：

这个"581 组"呢，实际就是搞卫星的工程的这么一个组。为什么叫"581 组"呢？就是 1958 年中国科学院的第 1 号任务。

刚刚从南京大学天文系毕业的潘厚任，原本准备到紫金山天文台工作，但一纸调令却改变了他的人生轨迹。

潘厚任（时任中科院国家空间科学中心研究员）：

（当时）听说我分配在紫金山天文台，（大家）都挺高兴。后来要宣布那个分配方案的时候，突然说要延一个礼拜。为什么延一个礼拜呢？后来才知道，就

97

进行运载火箭的总体设计。因为要送卫星上天，就必须先要有运载火箭。就这样，我国在秘密研发导弹的同时，另一支火箭研制队伍也在紧锣密鼓地进行工作。

没有任何经验的设计院一上马就开始设计发射人造卫星的两级运载火箭，其第一级取名为T-3，第二级取名为T-4。设计院打算当年就研制成功T-3火箭，把它作为向国庆9周年献礼的杰作。

由于设计图纸出来后没有地方进行生产，不久，1001设计院迁至工业基础更好的上海，更名为上海机电设计院，上海交通大学副教授王希季被调来出任设计院总工程师。

到年底，设计院人员迅速增加到600多人，并投入到火箭研制工作中。

1958年10月25日，毛泽东在郭沫若、吴有训、张劲夫的陪同下，参观了中国科学院自然科学跃进馆的各学科展览室。参观快要结束时，毛泽东在张劲夫、钱学森的引导下走进了新技术保密展室，那里展示的是第一设计院设计的运载火箭（T-3）第一级的结构总图、载有多种高空环境探测仪器及动物舱的两种探空火箭头部模型，以及中国空间技术发展的设想蓝图。展示的火箭模型做得很原始，不会动，布展人员想了一个办法，在模型后面躲个人，用手拉着一根橡皮筋带动火箭"上升"。毛泽东对火箭模型看得很仔细，火箭的"秘密"被他发现了，他探头看了看模型的后面，哈哈大笑："你们的火箭起飞原来是这样啊！好，好，土一点不怕，土八路不是把洋鬼子打败了吗？"参观快结束时，毛泽东侧过脸悄悄地对钱学森说："不听他们的，你给我说实话，这个能不能上天？"钱学森明确地回答说："这是个模型。"毛泽东笑了笑，鼓励道："要独立自主，自力更生，敢于走前人没有走过的路。"

钱学森心里十分清楚，这些按照国外公开资料所进行的模仿性工作是初步的，研制模型已经费了很大劲，卫星要真正上天，许多技术问题还没有解决。果然，在条件极为有限的情况下，我国第一次设计的运载火箭发动机，由于无法解决液氟的防毒和强腐蚀技术难题，也没有可供发动机试车的试验设备，研制工作不可避免地遇到了挫折。T-3火箭的研制，很长时间止步不前，不得不下马。

此时国家的经济形势也开始变得紧张起

孙家栋：

当火箭不太成熟的时候，你又分出了很大一部分力量去搞卫星，即使卫星搞出来了，没有火箭也发射不上去。所以中央就提出来，委托科学院先做一部分研究工作，不要马上上马。

来。1959 年 1 月，中共中央书记处总书记邓小平在听取中国科学院负责人张劲夫和钱学森的汇报后，提出："现在发射卫星，与我们的国力不相称，没有一个从小到大、循序渐进的过程不行"。

科学院提出"大腿变小腿，卫星变探空"的工作方针，中国科学院对卫星发展规划做出调整，以研究探空火箭和高空物理探测为主，为卫星打基础。

1960 年 2 月 19 日，中国自行研制的第一枚 T-7M 001 号探空火箭首次发射成功，飞行高度约 2 公里，飞行距离 8 公里。这次试验的成功，是我国自行研制的液体燃料火箭技术取得的第一个具有工程实践意义的成果。

此后，T-7M 002、003、004 号火箭均试飞成功，到 004 号火箭已能升空 8 公里。

5 月 28 日晚 7 时半，毛泽东在杨尚昆和柯庆施等领导的陪同下，迈着轻松的步子，来到在上海延安西路 200 号的新技术展览室，视察了 T-7M 火箭展品。他弯下身子仔细看着银灰色的火箭，当听到火箭可以飞 8 公里高时，他用抑扬顿挫的湖南话豪迈地说："8

公里，那也了不起。应该 8 公里、20 公里、200 公里地搞上去！搞它个天翻地覆！"

这也是毛泽东一生中唯一的一次近距离接触实体火箭。

T-M7 探空火箭发射成功，为后来中国的人造卫星上天，打下了坚实的基础。在随后的四年间，新中国的"两弹"事业在重重困难中取得重大突破。"东风一号"和"二号"导弹、原子弹先后研制成功。

转眼到了 1964 年，12 月 28 日这一天，周恩来刚做完第三届全国人大会议的政府工作报告，就收到赵九章亲手交来的一封信。这封信成了中国卫星事业的重大转机。在信中，曾经参与领导前期卫星研制筹备工作的赵九章恳切建议，争取在新中国成立 20 周年前，放出第一颗人造卫星，并把我国尖端科学技术带动起来。

仅 10 天后，国防科委也收到了钱学森提交的报告，建议早日制订我国人造卫星的研究计划，并列入国家任务。

停滞近 5 年的卫星研制计划终于等来了时机。

原来，这两位科学都认为我国的运载火

潘厚任：

（当时）赵九章就打电话，说你晚上到我家里来。1965 年 4 月 22 号，我就骑着自行车，到了赵九章家里。赵九章说，现在中央已经决定卫星要上马，他说我们等了 7 年了。

箭和导弹研制进展非常快，已经为我国制造人造卫星提供了技术基础。他们约定，两人以科学家的身份和个人名义分别上书中央，提出建议。

这两封重要来信，距上一次我国决定开展卫星研制工作，已经过了8年。

这一次，会成功吗？

这一天终于到来。周恩来收到赵九章和钱学森的两份报告后，对重新启动研制卫星的建议深表认同。此时，经济困难时期已经过去，中国的国民经济逐渐恢复了元气，原子弹和导弹的成功，也让人们对发射卫星充满信心。

8月，周恩来主持召开中央专委第13次会议，会议确定将人造卫星研制列为国家尖端技术发展的一项重大任务，为此，国家将拨款2亿元。因为是1月份正式提出建议，所以这一工程的代号定名为"651"任务。会议还强调，只要是"651"需要的，全国的人、财、物，包括任何地方、任何单位的，一律放行，全面绿灯。

1965年10月20日至11月30日，中国航天史上著名的"头脑风暴"，时间最长、

李颐黎：

当时我们无论如何努力，也要保证这个节点计划的实现。但是确实是时间很紧了，"651会议"闭幕，转过头来就是1966年了，就是4年多的时间，所以时间是确实很紧的，我们感到压力很大。

规格最高、讨论最广泛的"651"会议在北京友谊宾馆召开。这场会议最终开了整整42天，在激烈的讨论和综合各方意见后，中国第一颗卫星——"东方红一号"的雏形渐渐清晰。会议确定，我国第一颗卫星为科学探测性质的试验卫星，这颗卫星的任务，是为中国今后发展对地观测、通信广播、气象预报等各类应用卫星奠定技术和实践的基础。

正当会议热烈讨论期间，法国成功发射了第一颗卫星，日本开始加快卫星研制和发射准备的速度。根据中央决定，中国发射卫星的时间定在1970年。这就意味着，卫星研制工程满打满算也只有4年时间。

在赵九章、钱骥等人的带领下，中国科学院制定出了一套《卫星总体设想方案》。在此方案的基础上，"东方红一号"卫星的研制工作全面展开。

但没过多久，"文化大革命"运动席卷全国，赵九章等一批专家被迫"靠边站"，尽管在周恩来的极力保护下，卫星研制工作得以继续进行，但设计研制的重任已经压在青年一代科研人员的肩上。

在1967年7月29日的午后，正是北京最炎热的盛夏，骄阳似火的火箭设计室里，毕业于苏联茹科夫斯基空军工程学院的孙家栋正在聚精会神趴在图版上埋头于导弹设计。这时，导弹总体设计室里突然进来一位军人，在没有任何招呼的情况下他直奔孙家栋面前简明地说："我是国防科委的汪永肃参谋，组织上派我来向你传达上级的指示，上级决定调你去负责我国第一颗人造地球卫星的总体设计工作。"这位年轻工程师的命运从此和卫星紧紧联系在了一起。

孙家栋：

在"文化大革命"期间，各地领导班子已经不能正常工作了。他们自己就跑来直接找我，没通过领导机构，也没通过一院的部里，就说现在聂老总已经组织第五研究院来搞卫星，准备调我去参加一部分工作。那时思想很单纯，领导机关来说了，要叫去，我就去。日子我还记得很清楚，1967年的7月29号。

戚发轫：

（当时）搞总体的、搞总装的、搞测试的、搞各种管理的都有，甚至把搞档案的、搞调度的都调来了。调来18个人来组建五院的总体部。

孙家栋后来才知道，那个对他寄予厚望的人正是钱学森。

当天，孙家栋就被接到位于友谊宾馆的空间技术研究院筹备处，投入紧张的卫星总体设计工作。要完成这一重大工程，就要先召集人才，组建卫星总体设计部。

为了保证卫星工程顺利进行，1968年2月20日，国务院、中央军委正式批准由国防科委组建空间技术研究院，将科学院原来从事卫星工程的单位调整划归为空间技术研究院，负责统筹卫星研制工作，任命钱学森兼任研究院首任院长。当时39岁的孙家栋担任型号总体设计室主任。

在两个多月的时间里，经过紧张的挑选、考察，孙家栋从不同的专业角度和技术特长出发，最后从火箭研制队伍中选定了18个人，作为总体部的基本组成力量。当这18个人的名单提交给钱学森后，钱学森点头赞同，又很快得到了聂老的批准。当时的人们称他们为"航天十八勇士"。

有了这"十八勇士"，卫星总体设计部如虎添翼。随着其他各项工作的展开，第一颗人造卫星的工作很快进入实施阶段。

孙家栋的第一项任务就是从总体的角度出发，对卫星的科研任务和功能进行简化。当时中央的要求很明确，就是卫星要"上得去、抓得住、看得见、听得着"。这一目标，说起来简单，实施起来却是困难重重。

面对这四项任务，科研人员们首先要考虑的，就是能否上得去。所谓"上得去"，就是必须将卫星发射入轨，这个任务就落在了卫星的运载火箭"长征一号"身上。

从1965年，中国重启卫星研制计划之初，运载火箭的方案认证也在钱学森的带领下开始了。

"长征一号"火箭，是将"东风四号"中远程导弹加装第三级固体火箭而成。在"东风四号"导弹的基础上，运载火箭用整流罩将卫星和第三级火箭包裹起来，当一二级火箭接力飞行，到达规定位置之后，第三级小火箭自动点火将卫星推到第一宇宙速度实现入轨飞行。

"长征"后来成为中国运载火箭家族的标志。而此时的上海机电设计院已划归七机部，其方向任务改为探空火箭设计的抓总单位。

戚发轫：

孙家栋最大的贡献是什么呢？就是他作为顶层设计者，使一个当年科学家们做的非常先进、复杂的卫星，满足当时中央提出的"上得去、抓得住、看得见、听得着"的要求。

韩厚建（时任"长征一号"火箭总体设计员）：

"东风四号"本身是个武器，但现在把它头上那个弹头拿掉了，换上第三级火箭，我们叫有效载荷，换掉之后，它就成了个运载火箭了。

方心虎（原七机部一院总设计部设计员）：

运载飞行啊是

"东方红一号"卫星二级运载火箭发动机

目前，中国的火箭研发已取得了长足进步，首枚气象探测火箭、生物火箭均已被先后研制出来，并成功发射升空。"八年四弹"的规划又一一如期实现，有了丰富的研发经验。大家对"长征一号"火箭抱以充分信心。

然而谁也没有想到，失败突然而至。

1969年11月16日17时45分，酒泉卫星发射中心，"长征一号"火箭的前两级（即"东风四号"导弹）试验发射。但人们最不愿意看到的事情发生了——火箭仅仅飞行了18秒后就失去了踪迹。

导弹去哪里了？是飞偏了还是中途爆炸了？没有人知道。

焦虑的周恩来连续三次打电话催问，他最担心的是导弹落在苏联境内，并做好了去苏联说明情况的最坏打算。

三天后，在空军的配合下在新疆发现了导弹残骸。最后查明情况，是由于导弹上控制系统一个程序配电器故障导致二级发动机未能点火致使火箭自毁坠落。

1970年1月30日，距离失败后仅仅两个多月，我国第二枚试验火箭再一次竖立在发射架上。"点火"的号令发出，试验火箭呼啸而起。很快，从落区传来喜讯，火箭飞行成功。

"上得去"的问题终于解决。

有科研人员曾用"放风筝"来形象比喻"抓得住"，即利用无线电通信的方法，追踪天上的卫星的位置，也就是卫星地面观测系统。

要时刻掌握卫星在太空中的位置，最关键的一环，是要计算卫星与地面的距离。但当时科研人员的计算工具却是大量的手摇式计算机，一条轨道的数据通常要计算好几天。

"东方红一号"卫星的远地点距离地面2000多公里，为了防止卫星上天后像断了线的风筝一样失去踪迹，在偌大的国土上，很快建设起渭南、湘西、南宁、昆明、海南、胶东和喀什卫星测控站。第一次采用当时只有美苏两国掌握的"多普勒原理"，接收卫星的遥控数据，追踪卫星的飞行轨迹，也就是根据卫星无线电波频率的变化，确定卫星的方向与速度，从而掌握卫星与地面的距离。

作为中国第一颗卫星，"东方红一号"的政治意义在当时并不亚于科学意义。

当时正处在特殊时期，让《东方红》乐曲在卫星上顺利播放，以便全国人民都"听

一个整体，不是说一二级飞一二级的，是一二级带着三级在飞。

李颐黎：

当时用的呢是电动计算机，大部分都是半自动的，半自动的比较麻烦。比如你要做一个88乘99，88可以打上，这99要听着，"嗒嗒嗒嗒嗒嗒"一直响9下，赶快松手，这时候就是9。然后再移个位，"嗒嗒嗒嗒嗒"又9下，赶快松手。松早了就是8，松晚了就变10了。所以一个乘法就要算这么长的时间。

潘厚任：

当时"多普勒定位"在国外都是刚开

107

始，我们没有基础。对这个理论算轨道的方法，包括我们要做的跟踪的那个仪器，都没有基础。很多人不相信我们能做到。

戚发轫：

当年跟总理汇报，总理就问了我一句话："东方红"卫星上天以后，那《东方红》乐曲会不会变调啊？会不会乱唱啊？能保证行吗？我说，能想到的、地面能做的试验我都做过了，都没有问题，就是没上过天。

得到"，已经上升到了政治高度。让全世界人都能听到，在当时的航天技术面前更是难上加难。

为了解决"听得到"的问题，研究小组首先想到的，就是找一台合适的收音机来接收。

总体组副组长潘厚任和同事们用了整整3个月的时间，把能借到的全世界各种类型的收音机都借了一个。然而测试发现，如果要让普通收音机收到信号，卫星就要安装大功率发射机，这样卫星总重量将超过一吨，这对于当时火箭的运载能力来说是不可能的。

经过反复讨论，科研人员想到了解决办法。一位叫刘成熙的专家从北京建筑报时敲钟的方式中获得灵感，经过反复试验，最终采用电子电路模拟铝板琴演奏《东方红》，音乐信号直接传输到中央人民广播电台，从北京向全世界广播。这样全国人民都可以通过最普通的收音机收到从太空传过来的《东方红》乐曲。

收听的问题解决了，乐音装置也很快被制作出来，然而听到乐音装置传出的声音后，所有人惊出了一身冷汗——《东方红》乐曲

"东方红一号"卫星的音乐盒

居然变调了。在当时，这属于严重的政治错误。

如何才能奏出悦耳动听的《东方红》乐曲？设计人员何正华、刘承熙受北京火车站报时敲钟声响的启发，跑遍北京、上海各乐器研究所和口琴厂等单位，经过多种方案的比较，最后决定用电子线路模拟铝板琴，并采用无触点电子开关。就这样，终于解决了《东方红》乐曲变调的问题。

"上得去、抓得住、听得到"都解决了，四项技术要求解决了三项，还有最后一个"看得见"的难关。

所谓"看得见"，其实也具有一个政治意义，中央希望中国的人造卫星上天后，全世界人民都能亲眼看到。但"东方红一号"卫星直径只有1米，在天气、光线都好的情况下，它的亮度仅相当于七等星，沈祖炜（时任七机部八院技术员）：

当时我们工资也低，一把折叠伞大概最少也得二十几块钱，工资的一半就去掉了，所以当时很少有人买那个折叠伞。我们就到百货大楼去看，拿了折叠伞来问，蹭人家实物，看看这是什么原理。

沈祖炜：

真正制作"观测裙"的压力太大了，这方案做不出来啊。做一个不合适，做一个不合适，时间就这么一天天过去。而且接受了这个任务不能是开玩笑啊，这个卫星，动用了全国的人力、物力，影响很大。

而人的肉眼最多只能看到六等星。

也就是说，在地球上人们用肉眼根本看不到"东方红一号"。"看不见"变成了让科研人员束手无策的大问题，负责这一任务的沈祖炜至今依然记得那些一筹莫展的日日夜夜。

"东方红一号"是一个直径1米的72面球形体，它在太空中的反光亮度，在地球上根本不可能直接看到。

为了解决这一难题，科研人员们集体来到北京百货大楼，专心致志研究当下最流行的折叠伞。折叠伞的打开方式，让这些苦思冥想没有答案的科学家们得到了一些启发，一个被称为"借箭显星"的方案开始实施。

他们决定利用折叠伞的原理，给运载火箭的第三级加一个直径4米、可以撑开的"观测裙"，俗称"围裙"。这个"围裙"是具有良好光学反射特性的球状体，可大面积反射太阳光，从而达到二三等星的亮度。这样，人们用肉眼就能观察到人造卫星。

但是，这种又轻又薄的"观测裙"不是普通材料就能制成的，为了找到这个特殊材料，研制人员跑遍了国内许多工厂，结果都因要求太高而无力研制。最后还是在上海发现一家工厂曾经研制过一种新型绸布，与"观测裙"所需材料基本相同，研发人员喜出望外。然而找到这家工厂才发现，因为原材料有毒，厂家早就停工不做了，甚至连这家工厂也早已停产。然而在得知"观测裙"的特殊用途后，不少工人主动进入车间进行生产，11个月后，"观测裙"终于研制成功。

今天北京制造厂的老厂房早已不再承担生产任务。在40多年的时光流逝中，人们很难发现这里曾经是中国的绝密任务——"东方红一号"卫星完成总装的地方。总装，是各个零部件最终整合成一个完整卫星的关键环节，稍有差池，都会造成卫星上天后的运转异常，对总装工作和技术精细的要求极为严苛。

在没有空调，也没有净化设备的厂房里，很多外国同行都无法相信，这里可以生产出一颗人造地球卫星。

但此时，又有一道难题出现在孙家栋面前。在研制卫星的过程中，有人把大量毛主席像章镶嵌在了"东方红一号"人造卫星上，有的像章又大又沉，以至于到验收时，人造卫星总重量增加了好几十公斤。要知道，"东方红一号"整体设计才150公斤。多出的几十公斤，将极大增加发射难度。

周恩来在得知情况后，对孙家栋说："全党、全军、全国人民当然要无限热爱、崇拜毛主席。但是挂在什么地方，都不是随随便便的，你看咱们这个会议室就没有挂。你们回去也要好好考虑一下……"

心领神会的孙家栋这才放下心中的大石，回去后就把毛主席像章从人造卫星上摘了下来。

"东方红一号"最后一道难题——超重的问题得到圆满解决。

1970 年 4 月 1 日，载有"长征一号"火箭和两颗"东方红一号"的专列从北京出发，在最高级别的警戒护卫下运抵酒泉发射场，钱学森随同专列一起前往。此时，苏联、美国、法国和日本已经成功发射了卫星，但"东方红一号"的质量比这四个国家首颗卫星的质量总和还要多近 30 公斤。

1970 年 4 月 14 日，火箭和卫星如期完成发射场的各项测试，周恩来和中央专委领导要求再次听取发射场人员对火箭、卫星情况的汇报。当日午后，钱学森率领相关领导和专家乘坐军用专机由发射场来到北京。会议按照事先的议程由钱学森详细汇报了火箭和卫星进入发射场后的情况。

会议中，钱学森提到在火箭总体装配时，尽管大家做了反复的检查，但还是发现了火箭舱内有遗留下的焊渣和钳子等多余物。周恩来听到后，眉头紧锁了一下，立即说："这可不行！这等于外科医生开刀把刀子、钳子丢在了病人的肚子里嘛！你们的产品是允许搬来搬去，允许拆开、再组装，找一遍不行再找一遍，总可以搞干净嘛！把焊渣和钳子丢在火箭里，这是不能原谅的！"汇报中，技术人员把火箭和卫星的图纸摆在地毯上，周恩来手里拿着铅笔和一个蓝色的小笔记本离开沙发半跪在地毯上，一边看着图纸一边听着汇报一边在本上记着，还不时提一些问题，遇到专业技术术语听不明白的地方，就请钱学森来做通俗的"翻译"。

15 日凌晨 1 时许，周恩来办公室打来电话，传达周恩来的指示："从今天起一直到卫星上天，发射场的情况要逐日向周恩来办公室电话汇报。"

卫星能否准确入轨，中国能否第一时间捕捉卫星信号并率先向全世界预报，测控系统面临着巨大的考验。

从北京到西北各省的通信线路只有十多条，遍布全国的卫星观测站，他们的指挥通信和数据传输在当时主要依靠电线杆拉明线完成，有一根电线杆出事，全部通信便会中断。为此，全国数十万民兵动员起来，确保每一根电线杆下都有人站岗，在整个发射过程中，动用了全国60%的通信系统，确保测控系统通信安全。

1970年4月24日下午3点50分，钱学森在卫星发射场接到周恩来从北京打来的电话。周恩来在电话中说："毛主席已经批准了这次发射。希望大家鼓足干劲，细致地工作。要一次成功，为祖国争光！"

21时35分，高音喇叭里传出指挥员洪亮的"点火"口令，地下控制室发射控制台前的胡世祥按下火箭"点火"的按钮，瞬间，载有"东方红一号"卫星的运载火箭喷射烈焰，伴随着轰鸣声腾空而起直刺苍穹。

15分钟后喀什观测站捕获卫星数据。高音喇叭里传来测控系统报告"星箭分离""卫

孙家栋：

那时完全是明线，就是铁路两旁竖电线杆子拉明线，完了所有的观测数据，从南到北，从东到西，送到西安中心来进行处理。

同日晚，发射已经进入倒计时，但负责巡视地面的战士却突然报告了一个令人回想起来仍然十分后怕的发现。

韩厚健作为当时的排查人员，回忆起当时的情形依然很紧张：

我们是21点半发射的，18点半的时候出了情况。有巡视地面的战士听见从火箭上面传下来"咕嘟咕嘟"的响声。他们几个人啊，就在地上

113

捡起一个8毫米的弹簧垫片。推进剂加注完之后的火箭比较危险，所以上塔的时候真是紧张。我跟一个工人师傅上去的，感觉心脏怦怦地跳。那时候真紧张，但是后来排除之后跟指挥员报告了，我们负责任地讲，没问题。这个时候也放松了。

星入轨"的消息，发射场一片沸腾，欢呼声、口号声响成一片。

但这时，研制卫星的沈振金等人仍蹲在6平方米的小屋里，鸦雀无声。火箭已成功发射，但卫星到底怎么样，《东方红》乐曲能不能传回地面？几个人眼巴巴地静默了90分钟。当卫星第二轮飞过喀什上空时，酒泉卫星发射中心的收音机里突然响起了《东方红》的音乐，小屋立刻"炸窝"了。

沸腾的还有全国人民，在全国各地，人们激动地仰望着天空，仔细寻找着这颗中国星。新华社第二天一早就向全国发表电文："1970年4月24日，我国成功地发射了第一颗人造地球卫星。卫星运行轨道，距地球

1970年4月24日，"长征一号"运载火箭载着我国第一颗人造地球卫星整装待发

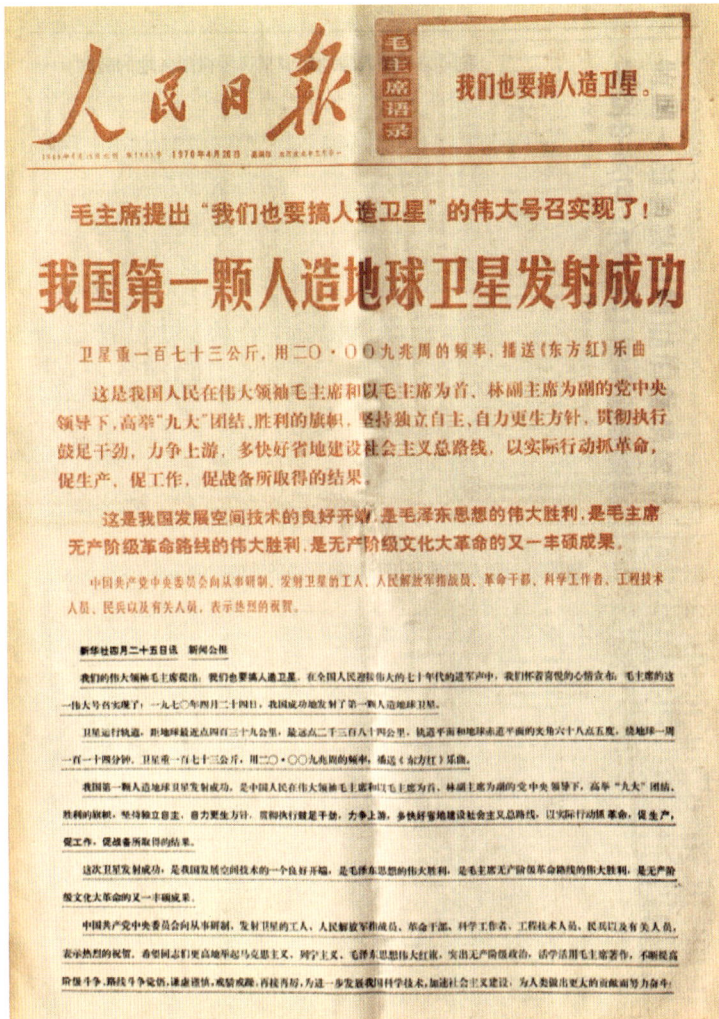

《人民日报》号外：
我国第一颗人造地
球卫星发射成功

最近 439 公里，最远点 2384 公里，轨道平面和地球赤道平面夹角
68.5 度。绕地球一周 114 分钟。卫星重 173 公斤。用 20.009 兆周的
频率，播送《东方红》乐曲……"

许多 4 月 24 日这天出生的婴儿，不约而同地有这样一个名字——
"卫星"。

"东方红一号"卫星的发射成功，标志着我国成为当时世界上

戚发轫：

周总理讲，这些人是发射卫星的功臣，所以毛主席跟我们每个人都握握手，我觉得是一生中很荣幸的事情。

于景元：

我认为，钱老是中国现代史上一位伟大的科学家和思想家，是一位科学大师和科学泰斗，而且是非常有远见的战略科学家。一句话：一代宗师，百年难遇。

第五个独立自主研制和发射人造地球卫星的国家，在中国航天史上具有划时代的意义，开辟了中国航天史的新纪元。它反映了当时中国的经济、科技、社会和军事能力发展水平，是国家综合国力的重要标志，是影响国际关系格局的重要因素。

1970 年 5 月 2 日，《人民日报》刊登了一张特殊的邀请名单，部分参与"651"工程的科研人员在 5 月 1 日劳动节当晚被邀请登上天安门城楼观礼，毛泽东特意与他们一一握手致敬。整个中国都沉浸在"东方红一号"卫星发射成功带来的巨大喜悦之中。

这一年的钱学森 59 岁。

1991 年，钱学森被授予"国家杰出贡献科学家"称号，直到今天，获此殊荣的只有钱学森一个人。在隆重的颁奖仪式上，钱学森说："今天，科学技术是人认识客观世界、改造客观世界的整个知识体系，我们完全可以建立起一个科学体系，而且运用这个科学体系解决我们中国特色社会主义建设中的问题。我在今后的余生中，就想促进这件事情。"

步入晚年的钱学森大多数时间是在病榻上度过的，但是他的思想依然驰骋且深邃。

1991 年 10 月 16 日，钱学森获国务院、中央军委授予的"国家杰出贡献科学家"荣誉称号及中央军委授予的一级英雄模范奖章

他最大的心愿便是将自己在航天事业中的探索与实践的系统工程思想应用于更广阔的时间与空间，继续诠释着 60 年前，他启程回国时的诺言——建设一个幸福而有尊严的国度。

薛惠锋：

当时在颁奖仪式上，钱学森说到"尊严"两个字的时候，他加重了语气，可见他对人民的一种感情。所以钱学森是一个思想家，是一个国家在关键时刻发挥别人无法替代的关键性作用的战略科学家。

如今，"东方红一号"卫星依然在太空飞行，无论时间过去过久，我们都应当铭记，曾经有这样一位功勋卓越的科学巨匠，以及当年那一代人的爱和牺牲。他们开创的事业，成为中国人向浩瀚宇宙不断前进的光荣起点。

第六章
曙光照苍穹

1931年"九·一八"事变以及在身边发生的1932年"一·二八"淞沪会战，日本侵略者的飞机和大炮"炸碎"了钱学森心中憧憬的铁路和火车。他从报纸和其他资料上得知，德国与美国的航空工业已在全世界遥遥领先。

钱学森开始明白，现代国防事关国家的生死存亡，他的志趣从制造火车逐渐转向了制造飞机。他认为制造飞机对于屡屡遭受列强欺辱的中国更具有实际意义，作为有知识的新青年，理应去学习和掌握世界上最先进的科学技术。

他回忆说："我还记得借过一本英国格洛尔写的专讲飞机机翼气动力学理论的书来读，当时虽没完全读懂，但总算入了气动力学理论的门，这是我后来从事的一个主要专业。"

1933年，交通大学的外籍教授威斯曼开设了航空工程课，初萌"航空救国"之志的钱学森当年下半年就去选修了这门课。在距大学毕业仅有一年的时间里，他不仅很好地完成了有关火车头的毕业设计，还

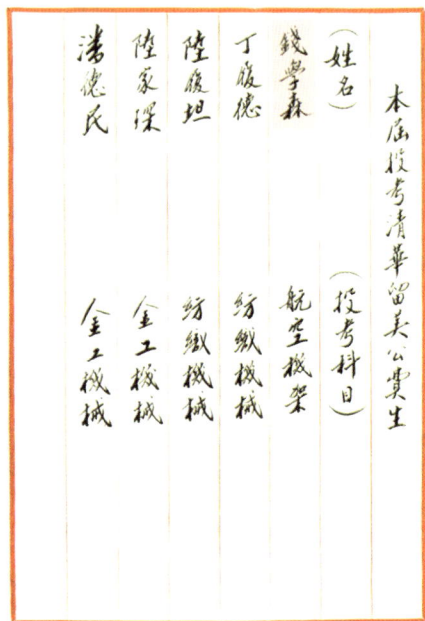

本届投考清华留美公费生

（姓名）	（投考科目）
钱学森	航空机架
丁履德	航空机架
陆颜坦	纺织机械
陆家溪	纺织机械
潘德民	金工机械
金工机械	金工机械

1934 年，交通大学公布的该校投考清华大学留美公费生名单

在选修课的考试中取得了两个学期平均分为 90 分的好成绩，是 14 名选修这门课的学生中成绩最好的人。

1934 年 8 月，钱学森到清华大学设在南京中央大学的考场，参加"庚款留学"奖学金考试。对他来说，大学毕业后，通过公费留美去学习航空工程和相关的先进技术，以实现"航空救国"的理想，很自然地成为他下一步深造和工作的首选方向。于是，他毅然报考了航空专业。

从清华大学保存的档案来看，钱学森的考试成绩与清华大学毕业的赵九章、王竹溪等人的成绩相比略有逊色，数学不及格，其他科目的成绩也不甚理想，但是他在"航空工程"这门课程的考试中，却得了 87 分的高分。当时清华大学负责选派留学生的是叶企孙教授，很有眼光。他得知钱学森从大学三年级开始，就陆续发表一些有关飞机、飞艇方面的文章，如《美国大飞船失事及美国建筑飞船的原因》《最近飞机炮之发展》等，有些文章还很有深度，便看出钱学森在航空研究方面的潜质，所以破格录取了他。钱学森当时并不知道详情，但他终于如愿以偿。

在开始航空专业的学习前，钱学森和同学们来到了北京青龙桥火车站。这里有中国人自己设计的第一条铁路，它像一条长龙蜿蜒于八达岭的崇山峻岭间。钱学森向修建这条铁路的前辈、留美工程师詹天佑的塑像深深地鞠了一躬，也向他苦读了4年的火车专业作了最后的告别——他就要从航空专业开始新的起飞了！

报考航空专业，这是钱学森一生中最重要的一次选择，此后所发生的一切，冥冥之中都与此有关。几十年后回头看，几乎可以说，这个选择对于中国航天事业来说，也是决定命运的。

1934年冬，考取了留美奖学金的钱学森，被安排到杭州飞机制造厂、南昌第二航空修理厂和南京第一航空修理厂参观实习，后来又到上海海军制造飞机处实习，最后再到北京的清华大学机械工程系刚刚设立的"航空工程组"接受导师辅导。这一段实习生活从1934年12月持续到1935年8月，钱学森从中学到了许多从未接触过的航空知识，了解了航空工业生产过程，为他去美国攻读航空专业打下了很好的基础。

1935年7月，钱学森实习期间在《浙江青年》上发表了一篇名为《火箭》的文章。文中写道：

在一个晴朗的夏夜，望着繁密的闪闪群星，有一种可望而不可即的失望吧！我们真的如此可怜么？不，决不！我们必须征服宇宙！我们有办法吗？有的，火箭！

1939年的冬天，大雪纷飞，为加州理工学院披上了一身银装。

钱学森（中）与冯·卡门（右）在德国哥廷根会见路德维格·普特朗（左）

钱学森和冯·卡门一起站在古根海姆办公大楼前。冯·卡门对他的爱徒说："钱，前线的飞机在给我们提问了。"

原来第二次世界大战开始后，空军的重要作用日益明显，交战各国已经淘汰了速度很慢的活塞式、布蒙皮双翼飞机，都在想方设法采用薄而轻的金属制造飞机的壳体。但是，如果高速飞行的薄壳结构其载荷超过一定数值时，壳体就有可能发生皱瘪而失稳，即产生"屈曲"现象。这样，飞机结构就会失稳以致完全破损导致坠毁。设计师急切需要知道发生"屈曲"的临界载荷的数据。然而，当时只有前人依靠经典线性理论计算出来的数值，与实验值几乎差了3倍至4倍，无法应用。人们只好凭借经验"拍脑袋"去设计薄壳金属飞机，因此成功率很低。

冯·卡门深知解决这个难题在第二次世界大战中的重大意义，于是，他鼓励钱学森尽快研究解决"薄壳失稳"的问题。

两年之内，钱学森潜心研究，完成了多篇探讨球体外壳、薄圆柱体外壳、实心柱等各种"屈曲"现象的论文，其中《壳体屈曲的文献总结》一文，是他对前人工作的总结和评述，共18页。通过文献总结，他剖析了前人理论的优缺点，搜集了能够得到的点点滴滴的实验数据，认为应当从有限挠度的弹性屈曲理论入手，采用能量法求取屈曲临界载荷。在这篇总结里，他大致勾勒了能量跃变准则的初步轮廓，但他认为这只是初步的研究结果，没有发表。

历时100多个日夜，钱学森终于拿出了一份分量十足的论文——《柱壳轴压屈曲》，1941年美国《航空科学学报》第8卷刊登了这篇论文。论文发表时只有短短的10页，可是钱学森写下的演算草稿竟达800多页！

在完成了老师交给的难题后，钱学森终于长长地舒了一口气。他把800多页手稿装进一个纸袋里，并在纸袋外面写下了"Final（最后的定稿）"字样。但他立刻想到，认识是无止境的，真理是相对的，于是，紧接着又写了一行字"Nothing is final（没有什么认识是终极的）"。

1949年12月的一天，美国火箭学会年会在纽约希尔顿大饭店举行学术报告会，钱学森在会上作了《火箭作为高速运载工具的前景》的专题报告，内容包括核动力航天器、助推火箭和导弹等。报告中，他描绘了一种外形像削尖的铅笔一样的洲际高速客机——火箭客机的蓝图：长约 24 米，直径约 3 米，垂直起飞，从纽约到洛杉矶的飞行时间将不到 1 小时，最初的 1920 公里以椭圆形的路线穿越大气层，飞行时速 16000 公里 / 小时；在 480 公里高度时，它将转向地球方向，飞进大气层，滑行 2880 公里到达目的地。钱学森向听众展示了高速客机的草图，并宣告说"这不是现在的科技所不能理解的事"。40 年后，美国航天飞机的飞行方式正如他所预见的方式，只不过航天飞机还没有真正达到"客机"的要求。钱学森的报告成为那次会议的高潮。

1970 年 4 月 24 日，我国第一颗人造地球卫星"东方红一号"发射的同一天，在由全副武装的军人站岗的北京城西的工程兵招待所里，"曙光"号载人飞船总体方案讨论会正在进行，与会人员正商量着中国未来的飞船应该是什么样。

1961 年 4 月 12 日，苏联宇航员加加林上天走了一遭，对中国而言，既是一种巨大的震动，也是一种强烈的刺激。

早在 1961 年初的时候，钱学森、赵九章等一些老专家就在议论，中国要探讨星际航行问题，并且组织了星际航行座谈会。座谈会一共举办了 12 期，涉及了宇宙飞行中的诸多学科问题。1963 年，中科院成立了由竺可桢、裴丽生、钱学森、赵九章领导的星际航行委员会，负责组织制订星际航行发展规划，安排预先研究课题。

1964 年，新中国终于熬过了那段最困难的日子，国民经济的调整基本完成，导弹、核武器等尖端国防领域取得重大突破，在美苏大步前进的背景下，如何加速发展我国的空间技术，成了科技专家和高层领导们重视的问题。

1965 年 1 月 8 日，钱学森递交了一份报告，分析了中国航天面临的问题，提出"重量更大的载人卫星在国际上的应用，现在虽然还不十分明确，也得有所准备"。国防科工委批示：只要力量上有可能，就要积极去搞。并要求国防科委邀请张劲夫、钱学森、孙俊人及国家科委、国防工办专业局的负责人和专家进行研究。

同年 8 月，中央专门委员会批准了卫星十年发展规划，其中有一条：1969 或 1970 年发射首颗人造卫星，卫星上天后 10 年发射飞船。最初计划先研制两艘无人飞船，命名为"大跃进"，为此安排了近 200 项研究课题。

钱学森回国后的 1967 年 6 月，七机部第八设计院成立了载人飞船总体研究室，9 月完成了任务分析、方案制定等一系列研究工作，写出了可载 1 名航天员的飞船方案论证报告。当他们把方案报告交给钱学森时，钱学森非常兴奋地说："告诉你们一个好消息，中央专委办公室已经给咱们的飞船取了个名字——曙光号！"

飞船到底上几个人，一开始争论得比较厉害，在最初的方案中，中国第一次载人就要上 5 个人，因为大家都希望在每个方面超越美、苏。飞船当然是越大越好，上的人越多就越证明技术的先进。

1968 年 1 月 8 日，在中国空间技术研究院成立前夕，钱学森主持召开了我国第一艘载人飞船总体方案设想论证会。一种意见十分理直气壮，渐渐占了上风：我国的第一艘飞船如果只乘坐 1 个人显得太落伍，应当有超越苏、美的勇气，毛主席不是说过"像美国那样山药蛋大小的卫星我们不放"吗，连卫星都不放小的，那我们的飞船就更不能小了。于是，大家意见逐渐趋向一致，要搞就搞个大一点的，我们第一次就要上去5个人！

钱学森回去细细考虑之后，想到问题并不是那么简单。如果乘坐5个人，那需要非常大的运载火箭，参加会议的同志对火箭情况不太了解，可是钱学森明白，若用洲际导弹改装成运载火箭，其运载能力根本达不到发射装有5名航天员的飞船的需要。而且，测控系统尚未落实，卫星测控与飞船测控有很大区别，钱学森还打算在"718"工程（研制远洋测量控制船的工程）方面提些建议，统筹考虑载人飞船的跟踪测量和航天员的回收救生问题。还有，航天医学方面有三四个单位在进行研究，力量太分散，也不利于承担这么重的任务。

高涨的热情必须服从冷静的现实。

思来想去，钱学森逐渐理清了思路：当时美、苏的飞船仅载2名航天员，计划中的"阿波罗"飞船也只载3名航天员，我们还不能太冒进。所以，他一方面很快找来各单位协商，提出意见：制订一个5人方案还不够，还需要提出3人或2人的方案，进行多方案比较，多听不同意见。理由之一是大家对运载火箭的情况不太清楚，对其性能估计过高；另一方面，有些部门和专家对多上人带来的医学与工程问题考虑不周，不清楚这是多么难以逾越的一道关隘。苏联和美国发射了几十艘飞船，但他们也不敢设想在狭小的飞船里如何同时装进5个人。要知道，即便是后来容量数倍于飞船的航天飞机，一次也只上去了7个人而已；同时要赶紧协调"718"工程和航天医学研究单位的整合等问题。

事实证明，钱学森的判断是正确的。1971年，苏联在发射飞船时，为了赶超美国，在本应乘坐2人的舱内硬挤进了3个人，因为空间不够，把航天服都舍弃了，结果在返回时出现事故，3名宇航员全部身亡。如此沉痛的教训，足以告诫后人：无视科学规律和技术能力水平，势必会酿成无可挽回的灾难。

后来，关于"718"工程的问题，1970年6月30日，钱学森专门致函国防科委代主任王秉璋：

> ……更迫切的是我国第一艘载人飞船"曙光一号"研制的组织落实问题，要开一次会安排任务。现在看来发射载人飞船必须有全球的跟踪、遥测、遥控和通信网，所以除我国的台站外，还得至少有两个船队，分别布置于大西洋和太平洋。船队何时能准备好是个关键问题。从现在正在华侨大厦由造船工业领导小组召开的会议来看，1972年"十一"以前是最早的了，所以发射飞船的时间也要与此配合。

1970年4月24日夜，在很多人进入梦乡的时候，远在西北的酒泉卫星发射中心，

韩厚任：

大概那会儿已经19点了。19点我看见钱学森在休息室，他朝外面呼了一口气。那个休息室的位置离发射点300多米，我们在技术上的最高负责人就坚守在那，发射前两个多小时，还在一线现场。

127

灯火通明，一个绝密的任务——"东方红一号"卫星和"长征一号"运载火箭开始进入发射倒计时，作为卫星工程技术总负责人的钱学森就在发射现场的最前线。

当"东方红一号"成功上天后，风尘仆仆地从酒泉卫星发射现场赶回"曙光"号论证会场的钱学森在会上做了简短的发言。他说："'东方红一号'上了天，下一个台阶就是返回式卫星和'曙光一号'飞船。"他还给大家带来了两条好消息，一是作为载人飞船的运载工具——"东风六号"环球运载火箭①的方案论证工作正在抓紧进行，它将比发射第一颗人造卫星的运载火箭具有更大的推力；二是载人飞船的安全返回着陆问题有了技术途径，那就是在我国探空火箭箭头和导弹试验数据囊回收技术的基础上，先攻克返回式卫星的回收技术，这项技术必将为载人飞船安全着陆奠定技术基础。

1970 年 7 月 14 日，在我国第一颗人造卫星上天之后 80 天，毛泽东、周恩来和中央军委办事组批准了国防科委的请示报告，报告中明确提出"即着手载人飞船的研制工作，并开始选拔、训练宇航员（航天员）"。几

①注："东风六号"理论射程可绕地球一周，所以被称作环球火箭。"东风六号"的设计方案论证是在 1969 年，方案定下来是在 1970 年。"东六"设计了三级火箭的动力装置。一级是常规的 400 吨大推力发动机，二级是一个塞式发动机，三级是一个补燃发动机。不过，"东风六号"的技术难度太大，三级火箭每一级发动机都不相同，尤其是第二级的塞式发动机，直到目前美国仍处于研制当中。最后经过科研人员三年的奋战，"东风六号"不得不中途下马，而部分资金和技术则转移到了其他型号的导弹与火箭上。

——中央电视台《探索发现》节目《谁与问天 4》

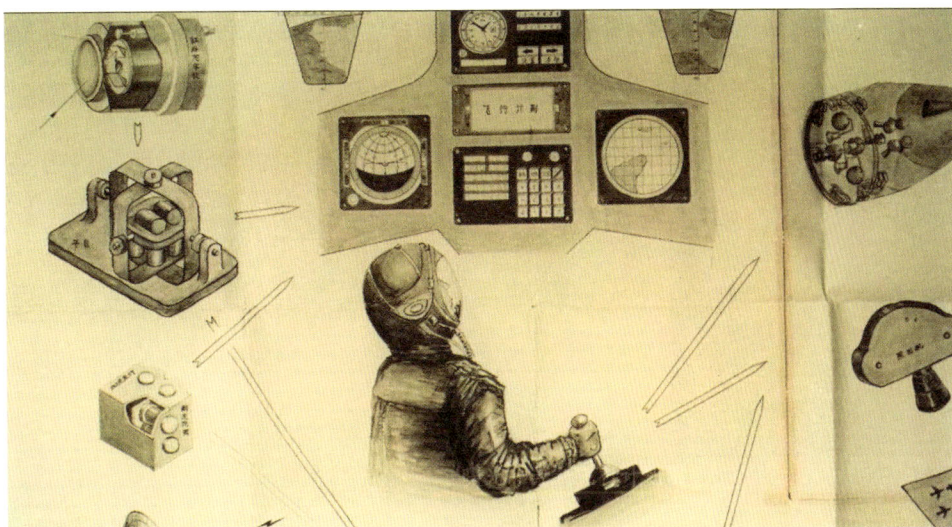

"曙光一号"飞行计划图

位领导都在文件上画了圈，表示同意。毛泽东是最后一个画圈的，钱学森亲眼见过这份文件。于是，我国载人飞船"曙光一号"重大工程有了一个秘密代号——"714"工程。

毛泽东的批准，极大地鼓舞了广大科研人员，这意味着"曙光一号"载人飞船正式上马，进入型号研制阶段。钱学森作为中国载人航天的技术统帅，一手抓"曙光一号"飞船设计和运载火箭，一手抓宇宙医学研究和航天员的选拔培训。"曙光一号"飞船的研制工作全面展开。

鉴于当时中国面临的极其恶劣的外部形势，不仅要考虑火箭和飞船本身的研制，还要考虑发射场的选址。一开始的计划是准备利用"东风"基地的2号导弹发射场发射飞船。但中苏关系越来越恶化，"东风"基地最早完全是苏联专家参与勘察、设计和建设的，又临近中蒙

西昌卫星发射中心

边境，不利于保密，为此，1969年底，中央专委决定在隐蔽之处再建一个新的发射基地。最初选择的地址是四川越西，得到了国务院和中央军委的批准。但随后再次勘察时，发现越西地理位置虽然不错，却存在电力供应紧张、交通不便、施工量浩大等缺陷，所以就出现了另一种意见——发射场应该建在大凉山腹地的西昌。争论之下，最终决定对西昌地区进行更深入的补充勘察。1970年6月，在成都军区和当地政府的全力配合下，勘察小分队完成了对西昌的地形、气候、自然环境、技术要求等方面的考察论证，经过综合比较，认为西昌的条件更理想。

当年7月29日，"东风"基地向国防科委、中央军委呈报了《请求变更地地导弹、卫星、飞船实验场位置的报告》。10月14日，国务院、中央军委批准发射场由越西改至西昌以北，代号"7201"，意思是在1972年前完成主要工程，准备执行发射任务。具体方案是，在西昌建立飞船发射工位，在北京精心挑选、培训第一批航天员，两项工作都在高度保密中实施，航天员不知道发射场在哪里，西昌也不知道国家在培训航天员。

在短短的几年时间里，各承制单位积极投入研究工作，开展大量试验，取得了许多研制成果。1971年4月18日至5月14日，在王希季组织领导下，林华宝等人在河南省郑州市成功地进行了"曙光一号"载人飞船模型8架次空投试验任务，达到了预定目标。1972年8月7日，空间技术研究院向七机部呈报了载人飞船对航天医学工程方面的要求，推动了航天医学工程研究基地的建设。1973年年初，七机部就研制无线电微波统一系统地面站有关问题发出通知，无线电微波统一系统地面站代号为"450"工程，技术指标按"东方红二号"卫星、"东风五号"洲际导弹全程试验和"曙光一号"载人飞船的要求确定。在任新民、陈芳允、张履谦、童铠、刘铁昌等领导下的"450"工程办公室，组织七机部有关厂、所研制微波统一系统，它是我国航天技术发展的又一个里程碑。

然而，由于当时一些历史条件的限制，载人飞船研究的许多工作无法展开，"东风五号"洲际导弹研制计划被迫推迟，"东风六号"环球火箭也因技术力量不足、研制经费不够而被迫下马。随着国内形势陡然变化，许多企业无暇顾及"曙光一号"载人飞船的协作生产，空军更是成了"重灾区"，包括航天员选拔训练在内的许多工作全部中断。11月中旬，空军宣布航天员训练筹备组解散。"714"工程陷入了举步维艰的境地。

钱学森很早就意识到了这一点。1969年秋的一天，他在办公室里对工作人员杨照德说：

4月份我出席九大时（钱学森在党的九大上当选中央

戚发轫：

那个时候呢，应该说中国有进入太空的能力了。70年代的时候，是苏美两个超级大国搞载人航天比赛，苏联人上天了，美国人也上；你上一天，我上两天；你上一个人，我上两个人；你上几个男的，我就上女的，反正都在那儿比赛。但是真正人上天干吗？那个时候，不是在技术和科学上搞得很清楚，是冷战需要，冷战的思维，你有我就有，所以搞得很热，很紧张。那么当年钱学森是我们五院的院长，他作为科学家，说中国人也得准备搞人上天了。

候补委员），和余秋里住在一起，有机会了解了国民经济全局的一些情况。搞卫星、飞船要考虑国民经济总的形势，看来飞船要放慢一些，先搞一些技术储备。

关于中国要不要进行载人航天研究，还有来自方方面面的质疑：我们的国力还不够，与其搞飞船，还不如把钱花在建水电站或者化肥厂上，更有实际效果。

情况汇报到中央，最后由毛泽东、周恩来拍板决定："714"工程暂时停一下，先把地球上的事情搞好。

于是，从1972年起，"曙光一号"飞船的研制速度开始减缓。1973年9月8日，空间技术研究院根据工程实际进展情况，把载人飞船计划推迟到1978年。1975年3月，国防科委正式宣布"714"工程暂停，只保留核心技术的跟踪研究。

周恩来实事求是地专门就中国载人航天的发展讲了几条原则，其大意是：不与苏、美大国开展太空竞赛，要先把地球上的事搞好，地球外面的事情先放一放，要搞国家建设急需的应用卫星。

身为技术主帅的钱学森，在这样的大环境下保持了冷静。他明确告诉大家："载人飞船不是下马，而是调整规划，积蓄技术力量，先干什么后干什么要排排队。"根据这一精神，空间技术研究院在1976年6月20日安排未来10年任务规划中提出，前5年开展载人飞船关键技术预先研究，狠抓基础建设；后5年进行第二代应用卫星和载人飞船研制，并向一星多用及综合应用的技术途径迈进。

自此，中国暂缓了对载人航天的探索，而把精力和重点放在了各种类型的应用卫星方面，这一缓就是10年。

"714"工程暂停之后，中国再次掀起载人航天的浪花已是改革开放后的1985年，此时，距加加林上天已经过去了整整24年。

20世纪80年代中期，又是一个世界强国"大闹天宫""划天为疆"、风起云涌的时代。苏、美等国掀起了一场以发展经济、科技为重点，带动军事力量发展的高技术竞争。在这场争夺高技术发展战略高地的激烈竞争中，我国如何参与竞争，在世界航天领域占据一席之地？中国航天人真的坐不住了。

1985年夏，航天部针对美国"星球大战计划"和中国航天未来的发展问题，在北戴河举行中国首届空间站研讨会。就在这个会上，重新提出了中国载人航天怎么搞的问题。此前，航天部在做国家"七五计划"时，李绪鄂、刘纪原两位部长曾经提出过这个问题，并组织有关专家着手开始论证。但把中国载人航天作为一个研究课题，郑重其事地摆在如此高规格的会议桌上，这还是"曙光号"飞船"下马"10年之后的第一次。7月25日至30日，航天部科技委在河北省秦皇岛召开了一场太空站问题讨论会。会议由任新民主持，约 50 人与会，对发展载人航天进行了初步的技术、经济可行性探讨。这是中国关于发展载人航天技术的首次会议。

秦皇岛会议之后，由航天部科技情报所翻译的《开拓天疆》被送到党和国家有关领导人手中。这是同一时期美国太空委员会向总统和国会提出的建议书，阐述了美国 50 年内的民用航天发展目标。

1986 年 3 月 3 日，针对美国"星球大战计划"的出台，中国四位著名老科学家王大珩、王淦昌、杨嘉墀、陈芳允给邓小平写信，提出《关于研究外国战略性高技术发展的建议》。两天后，邓小平同志批示："这个建议十分重要，找些专家和有关负责同志讨论，提出意见，以资决策。此事宜速做出决断，不可拖延。"这就是中国"863 计划"出台的前奏。

1986 年 3 月 5 日，邓小平批准了《关于跟踪研究外国战略性高技术发展的建议》。随即，中央组织数百位专家反复论证，形成了著名的"863"计划。"863"计划包括生物、航天、信息、先进防御、自动化、能源和新材料等 7 大领域、15 个主题项目。航天技术是其中的第二大领域，简称为"863-2 领域"。

关于载人航天当时形成了两派：一派是"现在派"，即主张现在就开始，且越快越好；一派是"将来派"，即主张将来条件成熟后再开始。

"现在派"的理由主要有两点，一是中国航天事业尽管一直受到国际上的控制甚至封杀，但始终在发展之中，现在具备了研究载人航天技术的实力。"两弹一星"的巨大成功，既奠定了技术基础，积累了管理经验，又形成了一支可靠的队伍，尤其是作为运载工具的"长2捆"火箭和返回式卫星技术，已经成熟。因此无论在研制、生产还是发射、测控等方面，中国都具备了进行载人航天研究的基础和条件。二是载人航天是全世界的一个发展趋势，晚开始不如早开始，既然早晚都要进行，为什么不早点呢？就像做生意摆地摊，去晚了，说不定就没地盘了。因为空间这个地方非常重要，等人家都占领了，我们再开始就一切都晚了，想上也上不去了。刘纪原部长说，我们当时最担心的，就是美国将来会不会搞一个"太空条约"，来控制中国和其他国家？这是很有可能的。我有，你没有，我就控制你；但如果你有，他想控制，也不好控制了。几十年来美国一直在控制着世界，过去搞核垄断，后来又有控制太空、海洋的野心和计划。如果中国不进行载人航天研究，太空将来一旦被美国控制，想开始也来不及了。所以中国应该抓紧时间，早日开始研究。

"将来派"的理由主要也有两点，一是国力有限。中国的经济还比较落后，可以先把有限的经费投放在搞应用卫星和卫星的应用上，等将来国家经济条件好了，人民的生活水平提高了，再研究载人航天也不为迟，现在没必要急着把人送上天。二是存在风险。载人航天需要巨大的投资，而中国某些现有的技术尚不成熟，客观条件也不理想，如果匆忙上阵，一旦有误，投入的上百亿的人民币便会付诸东流，到时怎么对得起人民的血汗钱？

又经一段时间的争论，多数专家认为，中国载人航天研究应该现在就开始。至于其他问题，没有必要，也没有时间再争论下去了，要尽快进入实质性问题的探讨和论证，即中国载人航天研究应如何进行。现在关键的问题，不是要不要研究载人航天的问题，而是如何运行的问题。

在中国科学界，有三位大名鼎鼎的科学家都姓钱，即钱学森、钱三强和钱伟长。这三位科学家大家耳熟能详，但还有一位姓钱的航天专家——钱振业。早在加加林上天不久，钱振业就给钱学森写信，建议中国研制载人飞船。20世纪70年代，鉴于国内形势不好，他又给钱学森写信，建议"曙光号"飞船应该及时下马。

20世纪60年代初，某导弹改型时要做实验，几位老专家主张做两次，时任主任设计师的钱振业却偏偏坚持只做一次。开会前夜，政委找他谈话，说明天是钱学森主持会议，领导们已经定了做两次试验，你就不要再谈自己的意见了，只参加会议，不要说话。第二天，他果然坐在会场的一个角落，面向墙壁，背对主席台，一声不吭。与众不同的是，他在自己的椅子背后，贴了一幅漫画，漫画上画了一张大嘴，大嘴上贴着一张封条！钱学森一进会场，一眼就看见了钱振业椅子背后贴的这幅漫画，也看见了嘴上的那张封条，便问政委，小钱今天是怎么回事啊？政委说，他有意见。钱学森说，有意见好啊，有意见就提呀！然后对钱振业说，小钱，你先谈谈你的意见好吗？钱振业站起来，大声地说道，我认为做一次实验就够了，没必要做两次。钱学森问，理由呢？钱振业说，如果是必然性故障，一次就够了；要是偶然性故障，就是做七次八次、九次十次，也不管用。钱学森听后点点头，让大家先讨论讨论，再作结论。结果，大家认为钱振业的意见合理。钱振业这才把椅子转过来，面对主席台，端端正正地坐到了会场的中央。

钱振业曾撰写了长篇论文《为什么要把飞船作为航天产业发展的第一步》。原文这样写道：

飞船是探索太空最简单、最省钱、研制周期最短的工具，所以苏联、美国在探索太空的初级阶段，借助的都是飞船。如果我们把飞船作为探路的工具，先通过搞飞船来突破空间站所需的一些关键技术，那么中国在建立永久性空间站时，就可缩短研制周期，降低研制成本，减少研制难点，避免走弯路。因此，中国航天高技术的发展，不能走苏美以创造"世界第一"为发展目标的模式，也不可能走欧洲空间局和日本从依附到自主发展的模式，而只能走以跟踪为目标、具有中国特色的独立自主的发展途径。这个途径就是，把飞船作为第一步，通过对飞船的研制和发射，从技术上和工程上为建立永久性空间站系统打下坚实的基础，从而促使中国空间产业的跟踪研究尽快起步。

1987年2月，"863计划"大型运载火箭及天地往返运输系统组正式成立，钱振业被任命为这个专家组的首席科学家，并出任专家组组长，具体负责论证两个问题：用什么火箭发射？用什么工具把航天员送上天？

专家委员会下设两个专家组，主要研究两大主题项目：一是大型运载火箭及天地往返运输系统，代号"863-204"；二是载人空间站系统及其应用，代号"863-205"。这两个课题连读起来的意思再明白不过——大型运载火箭是登天之梯，天地往返系统是天河之舟，建立空间站是目标，而开发利用空间资源是根本目的。

1987年，由国防科工委牵头组建了"863计划航天技术专家委员会"和主题项目专家组，对中国发展载人航天技术的总体方案和具体途径进行全面论证。

同年4月，专家组发布《关于大型运载火箭及天地往返运输系统的概念研究和可行性论证》的招标通知。航天部、国防科工委等系统的60多家科研单位参加了这场大论证。

仅仅两个月后，便采用招标方式选择在技术方面有优势的单位，按要求各自论证。标书开宗明义："关于大型运载火箭及天地往返运输系统的概念研究和可行性论证。"应标的单位相当踊跃，仅航天部所属的单位就有一院、三院、五院、八院四个研究院下属的研究所分别参加了投标。据粗略统计，航天部、航空部、国家教委、中科院、总参谋部、国防科工委等系统60多家科研单位的2000人参加了这场大论证。由于这次是单纯的科学界的技术概念论证，所以这番讨论，思想相当解放，视野相当开阔，是中国航天技术发展史上前所未有的。

在不到两个月的时间里，各竞标单位提出了11种天地往返运输系统技术方案。专家组筛选出6种方案，其中5种都是航天飞机方案，只有1种是飞船方案。

1988年7月，专家组在哈尔滨召开了评议会，"863-204"专家组选取了5种，进行对比分析：

第一个是航天部空间技术研究院508所提出的可重复使用，定点着陆载人、载货飞船方案。

太空宇宙飞船

第二个是航天部一院一部提出的火箭助推轨道器不带主动力小型航天飞机方案。

第三个是航天部上海航天局 805 所与航空部 640 所共同提出的火箭助推轨道器带主动力航天飞机方案。

第四个是航天部北京 11 所提出的可重复使用，垂直起飞水平着陆（两级）火箭飞机方案。

第五个是航空部 601 所提出的可重复使用、水平起降（两级）空天飞机方案。

1988 年 7 月 20 日至 31 日，5 个方案的代表开始接受 17 位著名专家的评议。这些专家是：朱光亚、屠守锷、梁守槃、屠善澄、梁思礼、黄文虎、王树声、王希季、杨嘉墀、彭成一、何庆芝、疏松桂、王南寿、陆孝彭、周曼殊、谢光选、吴中英。其中，我国第一代飞机设计师、年逾古稀的陆孝彭是被两位助手搀扶着参会的。

评审专家们的思想比较统一，其主要意见是：

空天飞机和火箭飞机虽然是未来天地往返运输系统可能的发展方向，但我国目前还不具备相应的技术基础和投资强度，不宜作为21世纪初的跟踪目标；

带主动力的航天飞机要解决火箭发动机的重复使用问题，难度比较大；

可供进一步研究比较的是多用途飞船方案和不带主动力的小型航天飞机方案。

在专家的评审打分表上，这两个方案的得分非常接近。最终，小型航天飞机方案和飞船方案以非常接近的得分，双双胜出。"船派"方案是83.69分，"机派"方案是84分，稍稍占了上风。

此后，这两种方案的论证人员展开了长达3年的学术论证。

"船派"专家认为，从技术上讲，我国已经有了十几颗返回式卫星回收成功的经验，在防热、轨道控制、姿态控制和降落伞回收等关键技术上打下了一定基础；"曙光号"飞船的预研成果，为生命保障、飞船设备的研制提供了技术储备；运载火箭技术和发射场等基础设施，也有了一定的技术和物质成果，可以充分利用。从实用上讲，飞船既可搭载航天员，又可向空间站运输物资，即使有了航天飞机等运输器，它仍然适合用于空间站的小型轨道救生艇，况且，在较长的一段时间里，我国天地往返的需求量不会很大，一次性使用的飞船相对来说更便宜、更经济。从研制进度讲，用8至10年时间攻关，载人飞船有望在21世纪到来前后把中国航天员送入太空；而由于我国航空工业基础较弱，研制航天飞机则在短期内难以完成。从未来发展讲，利用飞船可以进行交会对接、航天员出舱活动等试验，为未来空间站积累工程实践经验。

航天飞机

"机派"专家提出，飞船是20世纪五六十年代的产物，技术上显得有些落后，中国的载人航天应当有一个高起点，要搞就搞技术先进的、代表国际航天发展潮流的航天飞机；航天飞机可重复使用，从长远看，发射的次数越多就越便宜、越经济。

科学总是在争论中发展，何况载人航天是中国人期盼已久、崇高神圣的全新事业。两个方案又经过了近一年的调研论证。1989年7月，"863-204"专家组完成了《大型运载火箭及天地往返运输系统可行性及概念研究综合报告》，从技术可行性、国家经济承受能力、技术风险等方面，将载人飞船方案与小型航天飞机方案作了比较，考虑到中

戚发轫：

现在返回来看，确确实实应该说搞工程，合适自己的就是最好的。航天飞机不适合中国的情况，因为航天飞机的技术太先进了，它比大飞机还复杂，要研制航天飞机，技术上确实有很多突不破的东西。

国的具体国情，同时照顾到方方面面的积极性，所以报告提出了由初级到高级两步走的战略：

第一步，充分利用我国返回式卫星回收技术，从载人飞船起步，以较少的经费和较短的周期，在2000年左右研制出初期的天地往返运输系统——多用途飞船，使我国尽快突破载人航天技术，解决"有无"问题，满足初期空间应用的要求。

第二步，在2015年左右研制出先进而经济的天地往返运输系统——两级水平起降的空天飞机，以适应未来空间站大系统发展的需要。

在1989年9月28日《国家航天办简报》第五期上，钱学森看到了运载火箭技术研究院高技术论证组于8月24日写给国家航天领导小组的信，信中坚持认为"航天飞机方案"优于"飞船方案"。理由是，载人飞船作为天地往返运输手段已经处于衰退阶段，我国如采用此方案，起点过低；而航天飞机代表世界发展潮流，具有明显经济优势，更适合我国国情。国家航天领导小组办公室准备据此给中央写报告，呈送前特地征询钱学森的意见。

钱学森很少介入"热线"上的工作，见组织上征求他的意见，便非常认真地在报告上写了10个字："应将飞船方案也报中央。"这短短的一行字，至关重要，非常清楚地表达了钱学森的意见。

1989年8月12日上午，"863-2"领域首席科学家屠善澄应国家航天领导小组办公室主任丁衡高的要求，专门向钱学森汇报专家组前一段论证工作的情况，并征询他的意见。以钱学森丰富的阅历和经验，他的意见无疑对国家决策有着举足轻重的作用，有人戏称他是不在位的航天"最高参谋长"。

从 1967 年提出"把载人航天的锣鼓敲起来",到 1970 年开始的"714"工程,再到 1989 年的"863-2"论证,在这 22 年的岁月里,钱学森目睹了载人航天事业的几上几下,心里也是百感交集。但是,经历了多次坎坷的他,此时眼界更加宽阔、心界更加高远,他一下子就洞察到了问题的实质。

在他看来,决定载人航天研究能否重新启动的关键,并不在于飞机还是飞船两种技术途径哪一种优、哪一种劣,而在于国家经济和技术的实力能承受哪一种。当时美国有 4 架航天飞机,飞行一次就花费 4 亿到 5 亿美元。俄罗斯的航天飞机中途夭折,主要原因也是缺钱。

钱老认为关键不在于把眼前的争论定个谁是谁非,而在于从国家的利益和可能出发,拿出一个可行的、可持续发展的顶层计划。那一天,钱学森推心置腹地与屠善澄谈了很长时间,他说:"你们专家委员会人才济济,你们的考虑很有根据,很有分量。对你们的想法,我没有提意见的能力。我要提一点在不同层次的意见,即跟国家经济、政治结合在一起考虑的意见。

"1986 年 3 月,四位老专家出于对高技术的重视和爱国之心,向邓小平同志写信,提出了建议。这一建议得到小平同志的支持,充分体现了'科学技术是第一生产力'这一正确方针。我认为那时候对载人航天有过热的空气,我们'863-2'计划的讨论也受一些影响,从科技发展趋势去考虑和预见问题不够。这样的大问题,目光短浅不行,要考虑世界政治、政治结构,下世纪的发展是什么趋向。1986 年美、苏两国科技界对载人航天再思考的讨论也处于深入过程中。……中央〔1986〕24 号文件给你们出的题目就是这个题目（指载人航天），你们只是根据题目做载人航天的文章。我认为航天技术发展要结合世界形势，从更高层次来考虑。当时给你们出的这个题目固然有当时的背景，但究竟对不对？现在要根据新的形势重新考虑。

"将来人上天这个事业，比民航飞机要复杂得多，没有国际合作是不行的，哪个国家自己也干不起。我想美、苏在载人航天方面都会搞不下去的，财政上承受不了。他们这种情况和教训，应引起我们的注意和思考。我们穷得多，再模仿他们走过的道路，恐怕是不行的，与国力不相称，这是大问题，要研究。

"专家委员会研究了用飞船把人送上天的问题。人送上天，到底干什么？不清楚。美、苏是为了政治竞赛，比国威，实际上没有什么用处。人上天到底对国家起什么作用？空间生产可以干些什么？划得来，划不来？这个问题我觉得也没有搞清楚。我的看法是这些大问题要研究。国家决策部门听了你们的意见后，对原来中发〔1986〕24 号文件讲的载人航天，应有一个新的看法。因为我们展望世界有了新的认识，应出一个新的文件。国家应做这件事。这是国家最高决策。在 50 年代要搞'两弹'就是国家最高决策，那也不是我们这些科技工作者能定的，而是中央定的。

"我国的航天技术可以发挥很大作用，不是航天部没事了。搞得好了，可以大大促进社会主义建设，在提高国力方面领先于世界。因为他们没有从这个政治高度来考虑，这个问题可以说是在 21 世纪决定胜负的关键问题。从国家来看，我们应抓这件事，其效果应是震惊世界，这也是伸张国威。

"国家要导向，专家委员会根据导向来做工作，现在需要再明确一下导向。这两年的工作有助于明确导向，给我们提供了很多教训，看国际问题也更清楚了，因此是很必要的。我们的钱要真正用在'刀刃'上，我们国民生产总值在世界上占什么位置？中国太穷了，决不能乱花钱。

"航天技术前途是光明的，要把它的作用充分发挥出来，这一点肯定没有错。另外，威慑力量还很重要，不能放弃。"

屠善澄又问："假如要人上天，飞船作为第一步，您的意见是什么？"

钱学森回答说："假设要人上天，第一步可以是这样。"接着又补充了一句："如果说要搞载人，那么用简单的办法走一段路，保持发言权，也是可以的。"

钱学森的意见，比较全面地反映了他经历了 20 世纪 60 年代到 80 年代载人航天历程的思想认识，其中有五个方面的含义。

一是，他在出席党的第九次全国代表大会时，和国家计委主任余秋里住在一起，余秋里对他说"搞卫星、飞船，要考虑国民经济问题"的话，给他留下深刻的印象。他认识到国家经济还不富裕，钱要真正用在"刀刃"上，因此，载人航天任何技术途径的取舍，都应站在与国力相称和国家利益最大化的天平上来权衡。

二是，1986 年 1 月，美国"挑战者号"航天飞机凌空爆炸、机毁人亡的事实，又加深了他对载人航天难度和风险的认识，他提醒大家不要头脑过热，应认真吸取国外的经验教训，避免重蹈覆辙。

三是，要深谋远虑，深入研究诸如"人为什么要上天"之类的大问题，为国家拿出一个论据充分的长远规划，而不要在细节问题、具体技术上纠结不清、争论不休。

四是，纵观历史，任何国家的航天活动都是国家行为，从过去的阿波罗登月计划、和平号空间站计划，到现在的美国的SDI计划（战略防御计划）、欧盟的尤利卡计划、苏联的战略防御计划，莫不如此，所以，中国的载人航天也应是国家最高决策，由中央决定。

五是，用系统工程权衡的办法来分析，他认为用飞船这种相对简单的办法走一段路，保持发言权，"是可以的"。这是一个明确的表态，他支持载人航天从飞船起步。

钱学森对当时那场旷日持久的论证，从技术上给予了明确的结论。

在中国大型国防项目中，像载人航天规划这样采取的论证方式还是第一次。历时3年的载人飞船与航天飞机论证以及最终的决策体现了以下特点：

第一，跟踪但没有盲目追随国际潮流；

第二，论证过程充分体现了科学、民主；

第三，现实需要与技术可能密切结合；

第四，顾全大局，服务国家利益。

由于经过了长期严密的争论与论证，最终决策的载人飞船之路更符合国情，符合载人航天发展规律，因此在执行过程中也比较顺利。中国载人航天工程在技术途径方面的研究、论证与决策过程所提供的宝贵经验，值得其他类似的重大工程参考与借鉴。

1992 年 9 月 21 日，中共中央决定：我国载人航天工程正式上马，工程代号"921"。中央领导人下定了决心，钱不够，就算动用国库里的黄金也要干。

从这一天起，中国在 20 世纪末期至 21 世纪初期在航天领域规模最庞大、技术最复杂的一项超级工程拉开了序幕。

第七章
神舟飞天路

2016 年 11 月 18 日，万众瞩目的"神舟十一号"飞船成功降落于祖国大地。已经三次翱翔太空的老航天员景海鹏和首次进入太空的航天员陈冬顺利出舱，身体状况良好。

"神舟"飞船的第 11 次太空返航，标志着继 2003 年杨利伟首飞太空的 13 年间，我国共有 12 名航天员进入太空，在国际载人航天圈里，上演了一次次惊心动魄的"中国奇迹"。

然而，翻开我国载人航天的历史，中国人在还未奔向太空前，便遇到了多次起伏。

1966 年元旦刚过，为落实"651"会议（1965 年 10 月 20 日，国防科委召开"空间技术论证会"，史称"651 会议"）中有关载人飞船的工作，国防科委副主任罗舜初约见军事医学科学院蔡翘、中科院贝时璋和中国医学科学院沈其震三位科学家，他向三位科学家说明了中央专委的考虑和意图，委托三位科学家共同制定一个载人宇宙航行规划。

罗舜初说："我国的卫星已经有了一个规划，但还缺载人这一部分。请三位老科学家考虑一下，怎么把人送上天并且能够安全地回来？如何逐步地在天上做一些事情？按国家现有的基础和条件，看看需要解决哪些问题，能细的就细一些，不能细的就粗一些。"

在约见之后，三位科学家立刻开始了认真的计划，在短短的几天内主持草拟了《载人宇宙航行规划（医学、生物学部分）》初稿。

紧接着，在1月10日至19日、1月25日至2月6日，国防科委主持召开了"编制航空宇宙医学工作规划会议"，着重讨论和修改蔡翘等三位科学家草拟的规划草稿。参加会议的包括了军事医学科学院、中科院生物物理所、中国医学科学院，以及一、三、四、七机部等单位的代表共42人，讨论20多天，内容涉及生物火箭（包括发射小狗的T-7A生物火箭与发射猴子的"和平一号"生物火箭）、生物卫星、无人飞船、载人飞船发展途径和相关问题，这也是一份我国最早的生物医学详细规划。

三位科学家在修改稿上联合签名，上报罗舜初，供中央专委研究参考。会议还对

"神舟十一号"航天员景海鹏、陈冬顺利出舱

宇宙医学研究组织体制存在的问题、航天员生命保障和大型规模模拟设施等事项进行了讨论。

航天部 507 研究所航天员训练室

这次会议，开启了中国载人航天事业的理论论证篇章。

与此同时，在积极领导中国载人航天事业之时，钱学森对人在太空飞行的医学及工学研究尤为关注。

早在"581"计划中，就有宇宙生物学研究的内容，全国很多单位都积极参与。中科院组建了生物物理所，成立了宇宙生物研究室，军事医学科学研究院成立了航空宇宙医学研究所，中国医学科学院成立了宇宙医学专业小组，大家都在探索生物在太空环境下的生存问题。

由于研究力量分散、经费不足、内容重叠、协调困难，钱学森意识到，解决组织体制问题迫在眉睫，是否应该统筹各方力量，建立一个专门从事航天员训练和相关医学工程研究机构？

1967 年，时任七机部副部长、中科院力学所所长钱学森向聂荣臻作了关于组建"人造卫星、宇宙飞船研究院"的报告。

6 月 27 日，中央军委常委第 77 次会议做出"把现有较分散的科技力量集中起来，形成拳头，加速空间技术的发展，同意组建研究院"的决定。

钱学森等展开了紧锣密鼓地筹建中国人民解放军第五研究院（中国空间技术研究院）的工作，力求通过研究院的筹建，整合各方力量，集中领导形成合力。

恰在此时，由军事医学科学院三所副所长何权轩牵头，并联合中科院和中国医学科学院，给国防科技委打报告，建议以三所为主体，把中科院生物物理所搞小狗上天的人员，还有中国医学科学院搞动物实验的人员合并在一起。

钱学森一听，说，好哇，载人航天既是医学问题，又是工程问题，还应该在这个建议后面补充几条，把七机部第八设计院搞救生的一部分人员调来，再从力学所调来几十名干部，以便加强工程方面的研究力量，这个研究所可以叫"宇宙医学与工程研究所"，可以作为即将成立的研究院的组成部分。

我们知道，"航天员"这个称呼也是由钱学森提出来的，当时国外一般称"太空人"或者"宇航员"。

钱学森说：我们还是叫"航天员"好，因为我们有天、海、空的领域划分，这样称呼比较规范。因此我们国家一直延续"航天员"这个称呼。

钱学森还解释到，"航天员"是指驾驶载人航天器和从事与太空飞行任务直接相关的各项工作的人员。它既与航天地面工作人员相区别，也与乘坐航天器进入太空的其他人员相区别，就像飞行员与航空地勤人员、乘客相区别一样。

事实证明，钱学森定下的"航天员"这个称呼不仅符合我国载人航天事业的具体情况，也更加符合汉语习惯。

在钱学森的鼎力支持下，1968年2月27日，国防科委批复，统一空间技术研究院《关于宇宙医学及工程研究所暂行编制》报告正式成立"宇宙医学及工程研究所"，从事宇宙医学科学研究，并负责航天员的选拔、培养和训练工作。

万众期待中，"中国人民解放军第507研究所"（简称"507所"）在1968年4月1日终于正式成立，隶属空间技术研究院。这标志着中国载人航天事业达到了一个新的高度，载人的研究有了一个集中统一、医（学）工（程）结合的研究中心和培养训练航天员的基地。

这个时候，正值我国"曙光号"载人飞船计划上马，全所立即轰轰烈烈地投入到各项航天医学课题研究、航天员选拔培训和大型地面设施的研制工作中去。

1969年11月的一天，钱学森前往507所参加发展载人航天具体科研计划方案讨论会。他认真听取了与会人员的讨论并发言，经过一系列的调研与座谈，形成了后来"曙光一号"载人飞船医学总体方案初稿。

虽然后来"曙光一号"因为种种原因没有发射，但是其前期工作为以后的"神舟"系列载人飞船遨游太空奠定了良好的基础。

在随后几十年的时间里，钱学森对航天员培养工作的关注和支持就未曾间断过，对于该方面的学术报告会，只要没有和其他活动冲突，钱学森几乎每次都到会参加讨论。甚至，他还经常亲自前往507

所进行学术讲课、组织技术研讨会，甚至有段时间几乎是每周来一次。这样的活动一直坚持了6年之久。

人们十分惊奇，他对世界载人航天的情况了如指掌，信息非常灵通。

碰到棘手工作问题时，所里都会及时向钱学森汇报请教，而钱学森每次都给予认真解答。他与507所陈信、梅磊、刘戬龙、梁宝林、杨学祺、张瑞钧等老同志一直保持着非常密切的书信往来。从1977年至1999年，仅收集到的他和这些老同志的学术交流信件就多达120余封。

1970年年初，由国防科委507所黄志平、空军司令部军训部副处长彭功阁、空军航空医学研究所所长郭儒茂等6人组成了一个秘密小组，郭儒茂任组长，还给他们配备了一架专机。

小组成员的主要工作是到歼击航空兵部队，从有经验的飞行员中挑选航天员。

经过半年多时间的选拔，从1919名飞行员中筛选出200余名预备对象。这些人于1970年下半年，分批到北京空军总医院和507所进行航天员身体检查和在离心机上载荷能力的检测。经过反复检查，有19名飞行员符合航天员选拔标准。

1970年7月14日，中央批准"即着手载人飞船的研制工作，并开始选拔、训练航天员"。

当得知研究所承担了首批航天员的选拔任务时，全所人员心情激动，用最短的时间成立了体验组。

当时，挑选航天员的要求条件非常高，除严格的政治条件外，飞行技术要好，战斗机上飞行时间要长，身体条件要求更为苛刻，要求飞行员在离心机上必须具有长时间12个载荷的耐力，才算合格。因此，飞行员在离心机上检查时，要承受极大的痛苦，这一点比国外挑选宇航员的条件苛刻得多。其中有两名飞行员，在离心机长时间大载荷检测时，肺部被压穿。

1970年7月30日，钱学森又主持制定了《第四个五年发展空间技术计划设想》，提出"在未来的空间争夺中，充分发挥中国宇航员（航天员）的作用"。

1973年，507所划归国防科委直接领导，改名为航天医学工程研究所。

进行载人航天研究，钱学森深知，切不能"闭门造车"。

1977年初，美国政府出版署刚刚出版了四卷美、苏合编的航天生理医学论文集，钱学森就询问所里订购了没有。

1977年1月10日，钱学森致函陈信副所长，指出："我们要认真地搞载人航天，要比美、苏搞得好、快、省，当然要吸取他们的好经验。"

然而，正值507所开足马力扬起风帆快速发展之时，却赶上了新形势。"曙光号"计划暂缓，研究所失去了中心任务。

1977年除夕夜，寒风凛冽，国防科委一位副主任在京西宾馆约见507所新任所长霍峻峰、政委王旭东，告诉他们，研究所可能要撤销。因为国家经费有限，精力有限，都在搞以经济建设为中心，载人航天既费钱又费力，一时也没什么用，将来怎么办还是很遥远的事，这一类的东西就先停下来吧。

回到所里，几位所领导一商量，大家都很想不通，好不容易形成了多学科配置、医学研究与工程研制相结合，具有很强的解决实际问题能力的科技队伍；好不容易建设了涉及100多个专业，几乎包含了理工大学所有的主要专业的学科；好不容易置起了离心机、冲击塔、振动台等地面实验的一大批设备；好不容易开设了300多个研究课题，建起了上百个实验室，进行了15000多人次的人体实验，积累了大量的数据和经验。

这样的队伍和成果，不仅在国内独一无二，比起有些航天大国来，也不见得逊色。

就这样被撤销，太可惜！

507所被列入撤销名单。面对这个让人无奈的消息，全所上下心急如焚、备受煎熬。

过了年，所领导们一合计，看来在这种形势下，要扭转乾坤，只有权威人士的意见才能引起中央的重视，而这个人就是钱学森。

钱学森最了解507所在载人航天中扮演的角色，他深知，无论是航天环境与防护学研究，还是航天员选拔、训练，以及医学监督和医学保障都需要较长的研究、试验周期和经验积累，建设这样一个单位实在不易，而放弃它则是最容易不过的。当年要不是冯·卡门的极力保驾，他和马林纳的火箭"自杀小组"不是也差点被困难和舆论给灭了吗？

在507所最困难的时候，钱学森说话了："坚决反对解散507所，……从长远来看，载人航天肯定是要搞的。"

钱学森还以他个人的名望四处做工作，他说："人上天这件事是航天科技发展的必然趋势，只不过人的认识和国家的经济还暂时不具备条件。……眼光还是要看得远一点。"

在钱学森的坚持之下，最后，国防科委研究决定，同意保留507所，就留在北京，不用搬迁，但编制缩小为几百人。全所科研工作由"曙光一号"研究转入航天医学工程预先研究，重点面向为军兵种武器装备研制服务，为国民经济建设服务。科研经费由国防科委提供。

507所渡过了一次难关，航天医学研究工作得以延续。这对中国载人航天事业来说，具有深远的意义。

1979年1月29日，在美国白宫，总统吉米·卡特和夫人在全世界新闻媒体的关注下，迎来了来自大洋彼岸的中国领导人邓小平。

在这次为期9天的紧张行程中，邓小平专程前往位于德克萨斯州的休斯敦，这座城市拥有世界闻名的载人航天控制中心。在这里，邓小平近距离接触到"阿波罗十七号"飞船的指令舱和月球车，他直接登上航天飞机模拟座舱，体验了太空飞行并询问了大量

薛惠锋：
小平同志说过，自己平生有两件事未了，一件是三峡工程，一件是载人航天，希望能看到它们上马。而载人航天工程正是在他有生之年、亲自拍板之下，拉开序幕的，可以说没有留下遗憾。

问题。

现场的人们都能感受到，这位中国领导人的目光，已经投向了遥远的太空。

与此同时远在北京的钱学森此时正集中精力筹备即将到来的洲际导弹发射试验。这是由他在 1965 年牵头制定的"八年四弹"宏伟目标中的最后一项任务，即让中国拥有近、中、远、洲际四种射程的战略导弹。

当第一枚洲际导弹稳稳到达万里之外的太平洋时，中国人也迎来了充满希望的 20 世纪 80 年代。

1980 年春节之际，钱学森把所长陈信请到自己办公室，他说："你们研究所的工作要想有所发展，要注意两个问题，一是要借助系统论指导研究所的工作；此外，在目前的形势下，你们要走为军兵种服务的路。"

钱学森又建议 507 所开展人体科学的研究工作。这一段时期，钱学森依然频频出席 507 所的学术研讨会，关心和支持所里的科研工作。

在 1980 年的年底，69 岁的钱学森正式向上级申请，让他从导弹与航天事业领导岗位退下来。从 1956 年国防部第五研究院成立之日起，整整 25 年中，钱学森为之付出心血的航天重大工程中，只有载人航天尚未成功。

历史的交接棒正在默默地等待着后继者们。

1983 年，美国的"星球大战计划"掀起了冷战时代最后一片喧嚣，苏联、欧洲各国、日本等纷纷跟进。在新一轮太空竞赛的推动下，世界各国暗中加快步伐，全球科技进入加速发展阶段。而此时的中国，依旧是载人航天俱乐部的旁观者。

20世纪80年代中期，507所的去留问题又生变故。

随着我国拥有远程战略核武器，整体国力不断增强，以及中苏边境局势趋向缓和，我国面临的国际安全环境开始发生根本性改变，我军军事战略方针随着实行重大转变，国家迎来了以经济建设为中心、和平发展的大好局面。

1985年10月，邓小平向世界宣布，中国裁军100万。

为执行中央军委的命令，国防科工委也要研究本系统的精减问题。精减谁，谁都有意见，阻力很大。

那么，决策者首先要向对国防建设作用不大或一时半会显示不出作用的单位"开刀"，在很多人眼里，507所显然属于后者。

时任国防科工委科技委副主任的钱学森，在一次科技委的讨论中，就听到有人主张裁掉507所和绵阳29基地（气动中心），会上意见相左，争论激烈到拍桌子的程度。

钱学森反复思量，这两个单位都是以后发展载人航天的重要部门，裁掉容易再建难。

为了今后国家载人航天的顺利发展，一向温文尔雅的钱学森，竟然也极为少见地拍响了桌子，坚决而又明确地表示自己的意见：507所不能撤！29基地也不能撤！

1985年10月30日，国防科工委宣布507所新的编制：定员300人。很多优秀的同志不得不转业，很多未完的工作不得不刹车，但是，507所终于保留了完整的建制。

1986 年，国防科委领导向钱学森表示，"507 所每年要花一大笔经费，现在载人飞船任务暂缓，所里事情不多，不撤让他们做什么？"

"为了国家今后发展载人航天，所里人员可以减，但这个机构不能撤。至于留下来做什么，他们的科研预研课题要做妥善安排，由我来负责组织落实！"钱学森斩钉截铁地回答道。

很快，钱学森的话被印证成为事实。

1990 年 5 月，"863-2"专家委员会向国防科工委呈报了《国家高技术计划航天领域论证工作综合报告》，提出以载人飞船作为发展载人航天的第一步，在 2010 年或稍后建立一个由载人空间站、空间站应用系统、大型运载火箭、天地往返运输系统（载人飞船）、发射场与返回场、测控通信网和航天员系统组成的初步配套的载人空间站工程大系统的我国载人航天总体发展蓝图。

1990 年 12 月，航空航天部成立了载人航天工程领导小组，任新民担任首席顾问。

与此同时，航空航天部的 19 名专家组成了载人航天联合论证组，负责人是钱振业，他也是"863 计划"载人空间站系统及其应用主题项目组的组长。

1991 年 3 月 14 日上午，国务院办公厅秘书局打电话通知，3 月 15 日下午 3 点至 5 点，请任新民同志汇报飞船情况。任新民和钱振业参加了这次汇报。

根据这次汇报，航空航天部随即整理出了《航空航天重大情况（五）》报批件，上报中共和国家领导人。

关于发展我国载人航天的意见

5天之后，中共中央办公厅秘书局给航空航天部转来了批示，时任中央军委副主席刘华清批示了一句话："当前财政实在困难，动用国库存的金子，每年出点也得干！"

中央批示之后，中国载人飞船工程的论证和立项进入了快车道。

1991年4月初，航空航天部的联合论证组完成了《载人飞船工程实施方案》。11月，形成了《关于我国载人飞船工程立项的建议》。

1992 年 1 月 8 日，中央专委召开第五次会议，专门研究发展我国载人航天问题。这是第一次，中国载人航天问题被正式摆上中南海的会议桌。会议纪要显示，会上做出了这样的结论："从政治、经济、科技、军事等诸多方面考虑，立即发展我国载人航天是必要的。我国发展载人航天，应从载人飞船起步。"会议决定，在"863"航天领域专家委员会和航空航天部过去论证的基础上，由国防科工委组织各方面专家，进一步对载人飞船工程研制问题进行技术、经济可行性论证。于是，中国的载人航天工程便有了一个代号——"921"工程。

9 月 21 日，中共中央 13 届常委会第 195 次会议讨论同意了中央专委《关于开展我国载人飞船工程研制的请示》。从这年初秋开始，中国载人航天的历史翻开了崭新的一页。

无论是 1992 年 1 月中央专委同意实施载人航天工程，还是 1992 年 9 月 21 日中央政治局常委批准工程上马，在时间上恰巧都有 9、2、1 三个数字，这三个数字对中国载人航天的命运都有着决定性的意义。这个代号像"863"一样，在中国历史上留下了里程碑般的不朽印记。

经党中央批准的中央专委的《请示》，即是载人航天工程最终形成的完整的顶层设计。这一顶层设计，按照钱学森系统工程方法，根据我国的综合国力和技术实力，既考虑了可能性，又考虑了超越性，明确了发展方针、发展战略和任务目标，并具体提出了第一步载人飞船工程的四项任务、七个系统以及经费、进度、组织管理等建议。这一科学论证和正确决策，凝聚了我国国家领导人和钱学森等科学家群体的心血和智慧，是我国载人航天工程得以可持续发展的先决条件。

值得一提的另一件大事，是中央决策立项以后，确定工程总设计师人选。这个人必须能按照顶层设计形成的蓝图，团结全体研制、管理人员，创造性地实施载人航天工程。当时有多个人选，也都各有充分的理由，一时难以确定。当丁衡高主任征求钱学森意见时，钱学森胸有成竹地提议让担任过中国运载火箭技术研究院院长的王永志任中国载人航天工程总设计师。这个选择的正确性和关键性，已被载人航天一期工程的圆满完成所证明。

中国人的第一艘载人飞船，被命名为"神舟"。

中国载人航天工程在钱学森坚持不懈的努力和早期载人航天计划和预研成果的基础上，经过了工程方案、初样、正样、飞行试验阶段，完成了"神舟一号""神舟二号""神舟三号"和"神舟四号"飞船4次无人飞行，中国人进入太空的梦想近在咫尺。

由于钱学森的坚持与保护，得以幸免的507所在经历了多次缩小规模、精减人员后，仍然进行着载人航天事业的研究。507所的航天工程科研课题都是由钱学森直接组织落

王永志：

载人航天立项后，我被任命为总设计师。钱老还专门给我写了一封信，交代作为总设计师应该注意的问题。1999年，"神舟一号"发射前，钱老很关心地打电话询问发射场的准备情况。我告诉他，我们有信心，一定能打成，他听了非常高兴。发射成功不久，钱老过88岁生日，我给他送了一个"神舟"飞船的模型作为礼物。"众多的礼物中，他最喜欢的就是你送的这个飞船模型"，钱老夫人蒋英教授告诉我。看到我国航天事业飞速发展，看到他钟爱的航天事业有了新的进展，钱老非常欣慰。他专门把模型放在床

对面的书架上，一睁眼就能看到。从钱老这个举动中，我深切地感受到钱老对航天事业的热爱，以及他对我们这些航天人的殷切期望和持续不断的关注、关心。

实的。

根据钱学森给507所提出的"人—机—环境系统工程"的研究任务，在钱学森的指导下，507所陈信所长和龙升照等专家全面总结多年来我国载人航天预先研究的经验，结合国内外相关领域的研究状态，于1981年撰写了《人—机—环境系统工程概论》。

文章系统性地提出了"人—机—环境"的科学概念，用系统科学理论和系统工程的方法，正确处理人、机、环境三大要素的关键，从而探索形成了一门崭新的综合性边缘学科，在世界上得到了极高的评价。

1985年10月21日，钱学森在507所见到陈信所长和龙升照，他非常高兴地说："人—机—环境系统工程，是一项很重要的工作，……人—机—环境系统工程，对于国防科学技术是有深远意义的。……作为应用研究，你们的人—机—环境系统工程的发展，肯定是一次技术革命。"

钱学森的高瞻远瞩，往往能够从点滴事情看到常人未必能看到的很长远的价值。

他之所以如此看重"人—机—环境系统工程"的研究，就是他独具慧眼地看到了它在三个大方面不可估量的作用：它为人类社会的健康和可持续发展提供了科学方法；为社会生产力的发展提供了技术手段；为国防现代化建设和部队战斗力的提高提供了切实可行的技术途径。

钱学森不仅口头上表扬、鼓励，还身体力行地大力宣传和推广这门理论和科学。

1985年10月，他嘱咐507所："国防科工委指示科技委下个月下旬要开一个会，是国防科技的发展战略讨论会。我觉得你们所在那个讨论会上应该有一个报告，讲为什么我们在中国要发展人—机—环境系统工程，它对我们国家国防技术发展的意义。科技委的会11月20日召开，你们研究所的报告无论如何要在11月中旬准备好、印好。"

在他的直接推动下，1986年5月，国防科工委将"人－机－环境系统工程研究"列为国防科技应用基础研究重点项目，随后成立了"人—机—环境系统工程"专业组。

1993年10月，中国系统工程学会"人—机—环境系统工程"专业委员会成立。

钱学森说："我们中国人也别老看不起自己，可以说我们在人—机—环境系统工程

薛惠锋：

无论是支持"飞船方案"，还是力主保留507所，都体现了钱学森高瞻远瞩的政治远见、穿越时空的深邃思想、炉火纯青的理论造诣、千锤百炼的实践经验。

"神舟五号" 杨利伟顺利出舱

以及航天医学这些方面的学术观点、学术思想当前在世界上是领先的、不落后的。"

直到 1993 年 10 月 22 日，已经 80 多岁的钱学森还提笔给龙升照写信，大加赞许地说："……1985 年提出的一个想法，现在 8 年之后赫然成书，500 多页的巨卷！而且研究范围大大超出原来的航天，……你们是在社会主义中国开创了这门重要的现代科学技术。"

1998 年，14 位年轻人从全国各地汇聚到中国航天员科研训练中心。这个培训基地今天已经成为亚洲最大的航天员培训基地，外界却很少有人知道，这里的前身就是钱学森多次保护并倾注大量心血的 507 所。

这 14 位年轻人是从 1500 多名空军飞行员中层层选拔而来，任务只有一个——成为最早一批进入太空的中国人。

根据时间表，首飞航天员的训练周期只有短短 5 年，凭借着从 20 世纪 70 年代起步的研究基础，他们完成了从飞行员到航天员的人生重大转型。

2003 年 10 月 12 日，杨利伟、翟志刚、聂海胜 3 名航天员抵达

166

"神舟六号"航天员费俊龙探望钱学森

"神舟六号"航天员聂海胜探望钱学森

酒泉，5年的训练只为即将到来的特殊时刻。3天后，"神舟五号"将搭载1名航天员前往太空。

发射前的各项数据指标，杨利伟始终排序第一。10月14日，杨利伟正式接到通知，由他进入"神舟五号"执行首飞任务。这是他一生中最伟大的一次飞行。

钱学森欣喜地看到了从"神舟一号"飞船到"神舟七号"飞船的成功发射与回收。每次他都笑得很开心，他很赞同杨利伟平安着陆出舱后说的一句话："我为祖国骄傲！"

大千宇宙，浩瀚长空，全纳入赤子心胸。惊世两弹，冲霄一星，尽凝铸中华豪情，霜鬓不坠青云志。

从1956年开始，钱学森与一代又一代中国航天人用心血、智慧与执着，承载并传承着一个飞天的梦想。在"神舟五号"之后的岁月里，那些令人激动不已的瞬间，早已定格为每一个中国人共同拥有的集体记忆。

今天，这位叫钱学森的老人已经在岁月流逝中渐渐远去，他将一生的事业交给了自己的梦想，而这个梦想，让几乎每一个中国人都曾在人生的某一时刻，目睹过我们这个民族勇敢而伟大的探索故事。

附 录

2016 年 10 月，中国航天系统科学与工程研究院与中央电视台合拍的《国家记忆——钱学森与中国航天 60 年》系列纪录片在中央电视台国际频道播出。节目播出期间，得到了社会各界的广泛关注，其收视率也位于该时段的前列。纪录片的播出也使得网友在互联网、微博、微信朋友圈展开了积极互动，纷纷讨论起科学家钱学森的学术风范和大家精神以及中国航天事业所取得的辉煌成就。与钱学森之子钱永刚教授熟识的领导和有关同志也及时做出反馈，对纪录片的质量给予高度评价，表示对钱学森的敬佩之情和怀念之情，也表达了对中国航天事业 60 年取得的辉煌成就的祝贺和美好祝愿。

部分的互动摘录如下：

【互联网】（来源：今日头条 http://www.toutiao.com/ ）

无桨之舟：中国有你们这样不畏艰难的人才，中国才有希望，中国才能崛起。你们是新中国的奠基人。

拉蒙弟凤梨 71879751：曾经读过一篇文章，是讲述钱老的生平事迹。对钱老的付出和才学给予高度评价，让我记忆犹新的一句话是："钱学森的回国，改变了世界最尖端科技的分布格局"。赞！民族的骄傲！！

手机用户50001052878：民族英雄，永远纪念。

仁者高飞：钱老是世界空气动力学第三代掌门人，为了国家牺牲了自己钟爱的基础研究投身国防，真正的民族脊梁。

银河系风云：国家栋梁。国之脊梁。

两塌糊涂：感动！谢谢你们，祖国和人民不会忘记你们！

浪迹94080128：预祝明天"神舟十一号"发射成功！以此告慰中国航天的奠基人们！

thhappy：中华民族的铁骨脊梁！

睢烨：致敬！英雄不死，你们永远是中国人的灵魂！

夜弓雪刀：这才应该是青年一代崇拜的偶像，国之利器，以命铸之，钱学森，中国人民的骄傲！

昌亚鑫：五年归国路，十年两弹成！

天水梦laog郎：我爱我的祖国，钱老国之栋梁！

李木子0808：向钱老致敬，可亲可敬，永垂不朽。

Dragonworld60091861：没有钱老，就没有现在的航天事业。

残缺的爱118912871：钱老让中国直起了腰杆，为中国奠定了大国地位，也让中国的导弹事业由无到强！真正的民族脊梁！希望钱老在天堂安详！钱老！我们永远记得您！

荣枯一如：钱老用自己的一生给中国造了一个坚不可摧的盾牌。

青出于蓝2015：向伟大的钱老、"两弹"元勋及其他不知名的科技工作者致敬，共和国的脊梁，共和国国防的奠基人。

吴拘无束：正是因为有这些人的牺牲奉献，才有如今的中国。

NASK103022900：我们敬爱的钱老，你是我心中永远的英雄。

中国防喷协会：只能用"不可超越"来表达敬意。

【新浪微博】

段志国001：正在看央视四套的《国家记忆》，钱学森的回国是国家之幸，也是他个人之幸。平生所学得以最大程度的施展，得到了一位科学家所能得到的最大权力。

sarahLI92：这几天在看《国家记忆》，确实是很不错的纪录片。很激动，感谢那代人的付出。

22蛋蛋芥辣咖喱：伟大的科学家们，伟大的科技工作者们，中国的脊梁。

小Z乱谈：特别尊崇钱老那一代的伟大科学家，为了兴国，决然地放弃美帝的优越生活，回到养育自己的祖国。听了很多次很多次的《我的中国心》，仍然很感动，他们就是中国心的代表。然而，我们也有一些华人科学家为了自己能工作好，生活好，放弃了祖国，为美国人挣钱，为他们研发武器对付曾经养育他们的母亲。

园子-_-：今天讲了"东风"的诞生。在工业力量只能造拖拉机的年代，在苏联突然撤走全部专家之后，中国的科学家和人民以一贯"自力更生"的精神，创造了"东风"。还有毛主席等在苏联40周年看人家的导弹的影像、看望莫斯科大学中国留学生时著名的演讲——世界"归根结底是你们的，希望寄托在你们身上"，令人动容。

【微信反馈】

南山北往：再次回味《国家记忆》，又有新的领悟：（1）在国家战略和时代潮流中，钱老等前辈勇立潮头，在履行国家使命的过程中，总结出系统工程这一战略思想，让我想起来薛老师曾说过"系统工程学好了很重要，不深刻领悟也会很危险"，多么有道理，相比学习系统工程知识，更主要的是在实践中运用；（2）钱老等老一辈科学家深邃的思想、博大的胸怀、系统性的战略考虑，让他们能在关键时刻为国家做出关键的贡献，也让航天事业能够群星灿烂，各展所长；（3）在国家利益面前，钱老等科学家始终头脑清醒，不为国外小利所惑，和国家层面相互配合，遥相呼应，冲破阻力回国，为国建功立业；（4）国家的战略需求，国内的行业空白，是那个年代的时代召唤，钱老他们敢为人先，不屈不挠，才能成就航天伟业。

西洋樱草：《国家记忆——钱学森与中国航天60年》今天上午在中央4台重播片断，钱老等"两弹"元勋用鲜血和生命铸就了航天事业的辉煌！对科学家们致以最崇高的敬意！第二次观看《国家记忆》了，每次观看，对系统工程理论就会有更深的理解和领悟。系统科学理论助推了中国航天事业的辉煌，并迅速渗透到政治经济、社会生活、科教卫生、自然和人文环境等领域，提振了系统工程理论运用新高度。

善缘好运：片子让人非常感动，钱老的精神震撼着全国人民，也鼓舞着我们一代又一代。

苏师：（这是）做了一件功德无量之事，让钱学森精神尤其是系统工程思维得以广泛宣传。无论是经济发展还是社会治理，都离不开系统思维。所谓"互联网+"其本质就是系统思维。

Mohanmode："顶层设计"思想贯穿于我国航天事业从零至今的发展历程中。正是因为系统工程学科推进实践的作用，使得我国在那样国力尚不强盛的阶段，能够整合资源，集中精力，取得看似不可能的突破。同时，本期《国家记忆》中，于老与薛老师都强调了钱老"战略科学家"的地位，这也提醒科研工作者要有战略思维，手中要精工博艺，心中需胸怀天下。

Tian.tao："东方红一号"的发射学术意义重大，代表当时我国最先进的科技水平，但其政治意义也不亚于学术意义，以当时的世界格局，中国急需在科技上同世界发达水平看齐以体现中国硬实力。

"东方红一号"的成功发射涉及卫星、运载、通信、工业制造等多个领域，必须要"顶层设计"将各分系统有效组织形成以目标为导向的整体最优，系统工程的思想完全贯穿其中。另一个角度也是对人、财、物的科学组织，将全国60%以上的通信用于其中，涉及多个部门的大力协同，科学组织任务进度，在导弹还处于仿制水平的情况下同步进行星、舰研发，可见那时不仅将系统工程用于工程实践，还同步应用于工程管理。

另外，从钱老向中央建议从现在的导弹到发展火箭到卫星，以及选择孙家栋作为总指挥，从"东方红一号"从无到有的发展过程，我们能够深切地体会到一个"战略"科学家的思想高度！

风雪：在那么艰苦的条件下，"东方红一号"的成功发射，振奋人心！通过这个片子，让我对系统工程有了更加全面和深刻的认识，对系统工程在整个中国社会发展中的重要性有了新的认识。未来社会系统工程的应用，整个社会将会呈现科学性、公正性、公平性。

陈涛："东方红一号"在那样艰苦的环境下成功发射，充分体现老一辈航天人的执着、认真和奉献，值得我们永远学习。

Howen：航天工程是新中国的第一号任务，依靠系统工程总体设计部思想完成"东方红一号"卫星的成功发射，说明系统工程在中国航天实践中的巨大成功。系统工程的科学思想，在钱老这一战略思想家提出后，在以航天十二院系统工程学科继承者的践行下，必将在社会各个领域发挥关键性的作用。

夜子：学到的系统工程理论通过中国卫星的研发实践演绎出来，清晰直观，理论更易于理解接受，从而真正能够指导实践。同时，系统工程科学工作者的科学精神非常值得学习！

【高校论坛】

李鸣野：1950 年，钱学森被美国指控为"美共成员"，剥夺涉密研究资格，而后钱准备回国，却被禁止出境，而后被逮捕。钱学森被保释后仍进行了多次听证会，在听证会后，听证官宣布钱学森被驱逐出境，但由于钱学森所掌握的技术，司法部又不允许他出境，而后开始了对钱学森长达 5 年的软禁。即使如此，钱学森仍然不放弃为自己的祖国效力的信念，坚持到了回国的那一天。钱学森在火箭与导弹、应用力学、物理力学、航天与喷气、工程控制、系统科学等领域都对新中国做出了卓越的贡献，他做出的成就不仅是中国的骄傲，更是全人类的财富。

赵蒙：#《国家记忆——钱学森与中国航天 60 周年》#其实看罢几集纪录片，除了和往常一样的对"两弹一星"的赞叹和对以钱老为代表的老一代科学家的由衷敬佩之外，这次更让我感动的是钱老作为一位战略科学家对世界形势的准确判断和对自身作用的清醒认识。钱老说，搞"两弹"，不是靠几个科学家而是要靠一大批工程技术人员。钱老作为"两弹"事业的领头人，却清醒地看到了个人在一项重大工程中的局限性，这种清醒的认识尤为可贵。再者，钱老准确地判断优先发展火箭事业，也是出于对国际形势的深刻认识和作为战略科学家的清醒头脑。据此保证了我国具有了和平发展的武力基础，并且这一决定使得我国在贫弱的工业基础上，为某些领域由追赶型变成赶超型打下基础。这不得不令人赞叹钱老的战略眼光和把握机会能力。

武阳：一个人为了一件自己想做的事倾注了毕生心血，最后做成了，这个人就是钱学森！在他心里，国为重，家为轻，科学最重，名利最轻。五年归国路，十年两弹成。开创祖国航天，他是先行人，披荆斩棘，把智慧锻造成阶梯，留给后来的攀登者。他是知识的宝藏，是科学的旗帜，是中华民族知识分子的典范。向钱老致敬！向钱老学习！

张永伟：今天看完了《国家记忆》，中国航天 60 年发展历程清晰地留在脑海里。不忘初心，方得始终，中国航天加油！

李煜然：中国航天的发展成就离不开以钱学森教授为首的第一代航天人的艰苦奋斗，两弹一星、系统工程思想，他们为中国航天事业打下最牢固的根基，是后人永远尊敬学习的楷模榜样。

曾凡毅：10 月 17 日早 7 时 30 分 28 秒，"神舟十一号"载人飞船将景海鹏、陈冬两名航天员送入太空。60 年，中国航天人一步步迈向传奇，经历从无到有。今日的成功发射，离不开 60 年前钱学森和老一代科学家们（的奋斗）。

【钱永刚教授收到的相关领导、老同志的反馈】

钟冰冰（重庆市红岩连线文化发展管理中心副主任）：

怀着崇敬的心情，我观看了《国家记忆》，拍得真好！体现了历史性、艺术性和人民性。钱老的思想和人格魅力深深感动着我。他留下的，不仅是国家记忆，更是人民记忆、历史记忆！

李三旦（青海省政府林业厅原厅长）：

看了一代伟大的科学家和家人回国的艰辛历程太感人了，钱老带回的除科学知识、技术外更多是一种精神，这种精神除了在航空航天、火箭领域，也在其他很多领域传承发扬，钱老"第六次产业革命"的理论也正在被称为"世界第三极"的青藏高原践行！

张卫东（内蒙古沙产业草产业协会副会长兼秘书长）：

《钱学森与中国航天60年》第一集看了，整体感觉线索清晰，有重点。您的述说更具感染力！倒叙、插叙，把重点突出来了。相信后四集更好。

王宗继（山东卫康生物集团董事长）：

热烈祝贺《国家记忆》特别节目《钱学森与中国航天》在央视热播！

节目播出后引起举国关注，卫康集团迅速告知全体员工准时收看，很多员工反映本片内容丰富，史实确凿，画面震撼，情节感人，反映了钱老对航天事业的卓越贡献、炽烈的爱国情怀、高贵的人格魅力，起到了"为国家留史、为民族留记、为人物立传"的目的。

张亚联（浙江临安市政协原副主席）：

昨晚的第一集看了，比以前看过的专题片更紧凑，有新内容，信息量大，紧扣主题，讲历史讲故事讲传统讲信仰，教育性感染力强。真不错，很好！是钱教授您亲自参与的结果吧。您在其中表现极佳，自然不做作。

刘恕（中国科学技术协会原副主席）：

我们在阿拉善，看《国家记忆》，内容丰富，解说精彩，深刻感人，深受教育。很多朋友都相互提醒收看。比过去的都好！

谢绳武（上海交通大学原校长）：

您好！第一集《艰难回国路》已经看了，真的很受教育，说服力很强。片子拍得非常好，非常出色！再一次感受到钱老的爱国精神和回国之艰难。

茅玉麟（茅以升之女）：

今天从山西回京，耽误了时间，刚看完《国家记忆》第一集的回放。过去对钱伯伯回国的艰难有所耳闻，今天看完片子有了更深的了解。钱伯伯真是共和国的脊梁！片子里的影像资料太珍贵了！你讲得也非常好！很生动，期待着后面几集。

路长平（钱老生前保卫干事）：

刚刚看完央视制作的《国家记忆》中有关首长的内容，让我又一次回想起了在驻地首长和您身边工作生活的 4 年，仿佛昨日重现，一切历历在目。能跟钱老、蒋阿姨和您近距离学习，是我一辈子的财富和荣耀。谢谢你们！首长及家人的精神值得我们永远学习和传播。

毛杏云（上海大学党委原副书记）：

刚才观看了第一集，再次一睹钱老风采。钱老故事百听不厌、百看不烦，而且是一次次地心灵震撼与洗礼。有的内容也是鲜为人知的，可见钱老宝库还在深入挖掘，钱老思想还在深入研究。祝贺演播成功！

《国家记忆——钱学森与中国航天 60 年》节目播出期间，在网友、高校学生以及相关领导、老同志等社会各界人士之间，形成了良好的互动，他们无不为钱老的爱国奉献精神所折服，不禁感叹共和国有这样的民族脊梁才能屹立于世界东方！

"钱老让中国人挺直了腰杆""国家脊梁""伟大的科学家""奠基人"……这些修饰语于钱老而言，均受之无愧。没有钱学森，就没有中国航天如今的飞速发展，正如中国航天系统科学与工程研究院党委书记郭京朝所言，"正是有了钱学森，中国的航天事业至少提前了

20 年"。

钱学森用自己辉煌的一生讲述了什么是一名科研工作者，一名科学家，一名中国科学家。他把自己毕生精力放在了祖国的建设事业上，从无到有，由弱变强，是他让中国人创造了外国人认为的奇迹，让中国走向航天强国！当然，钱老光辉的一生也为我们留下了宝贵的财富，我们应深入挖掘学习钱老的科学思维和战略眼光，学习钱老的爱国奉献精神，为实现"航天强国"的航天梦、中国梦努力奋斗！

后 记

  《脊梁：献给钱学森和他的战友们》一书将历史史实和亲历者的讲述相结合，为社会各界普及了中国航天事业经历 60 周年一路的起伏。同时，本书希望可以为读者呈现以钱学森为代表的老一辈科学家为我国国防事业的发展做出的巨大贡献，以求在中国航天事业创立 60 周年、钱学森诞辰 105 周年之际，纪念伟大的中国航天事业奠基人、人民科学家、战略科学家和社会实践家钱学森先生，回忆中国航天事业走到今天的艰辛。

  本书主要内容已在由中国航天系统科学与工程研究院和中央电视台中文国际频道合作拍摄的《国家记忆——钱学森与中国航天 60 年》栏目中播出。这部片子播出后，收视率排在央视各类专题节目第一名，超过了综艺娱乐节目，反映了观众对弘扬社会正能量节目的渴望和关注。

  本书由中国航天系统科学与工程研究院薛惠锋院长负责总体策划并亲自参与指导。感谢以下单位对本著作编写工作的大力支持：中共中央党史研究室、军委装备发展部、国防科技工业局、中国科学院、中国工程院、中国科学技术协会、中国航天科技集团公司、中国系统工程学会、中央电视台、中国航天档案馆、"钱学森与中国航天"课题组等。

本书如有不妥之处，敬请广大读者批评指正。

编 者